京都の謎
東京遷都その後

高野 澄

祥伝社黄金文庫

まえがき

災難は避けられない。天災もある、人災もある。災難を予防する秘策など、ありえないと悟《さと》る賢明がほしい。

災難をふせぐ秘策はないが、災難をうけても、傷を浅くして、早めに蘇生するための有効な策はある。

何度も災難をうけたが、そのたびに見事に蘇生し、まえにも増して豊かな実りを獲得した町、それが京都だ。

歴史が古いうえに、都市としての規模も大きいから、災難による傷の深さは他の都市とは比較にならない。そのたびに蘇生をくりかえしてきた京都だが、明治の維新という災難はそれまでとは次元も強度もちがう甚大なものだった。

——天子さまが江戸へゆかれてしまう！

桓武《かんむ》天皇の遷都によってできあがった都市である。天皇の内裏《だいり》をとりかこんで形成されたのが京都の市街なのだ。

——これからの京都は、天子さまなしでやってゆかねばならない。

そうと気づくにも勇気が必要だったが、目を逸《そ》らしても仕方はない。先祖がしばしば経験してきたことなのだ、ならば、われらに耐えられぬはずはないと気をとりなおせたところに災難と蘇生のくりかえしの蓄積がものをいっている。二条城や大名屋敷など、武士政権の施設がつぎつぎと新政府に接収され、武士の姿が消えてゆく。その光景を目の当《ま》たりにして、

——これなら、やれそうだ！

前途に曙光《しょこう》がみえてきたはずだ。

皇后の東京行啓《ぎょうけい》をやめてもらいたい一心から、多数の市民が石薬師《いしやくし》門にあつまった。徒党を重罪とする掟《おきて》が活《い》きていた時代である、数千人があつまったのは異常だ。官兵とのあいだに一触即発の緊張が高まった。

絶望にちかい、悲痛な想いを胸に石薬師門につめかけたのだが、かれらがそれぞれの町組《ちょうぐみ》の旗をおしたて、町組の代表として行動していたところに明るい展望がみられる。町組の団結と連帯という基本の線をくずさないかぎり、どんな深刻な災難でもきりぬけられるはずだ。それは京都の歴史から汲《く》みとれる教訓なのである。

——町のまとまりを崩すな、町組の連帯を失うな！

これを合言葉にして、京都市民は近代という厳しい時代にむきあった。町組のちからによって町組の小学校——番組小学校——をつくるという、他の都市に類をみない教育施設をつくるところから京都は蘇生した。京都の近代はこのようにはじまる。

高《たか》野《の》澄《きよし》

京都の謎【東京遷都その後】目次

五章 京都なのに、なぜ「島津」製作所なのか

装丁　フロッグキングスタジオ
地図作製　Ｌｏｔｕｓ　林　雅信

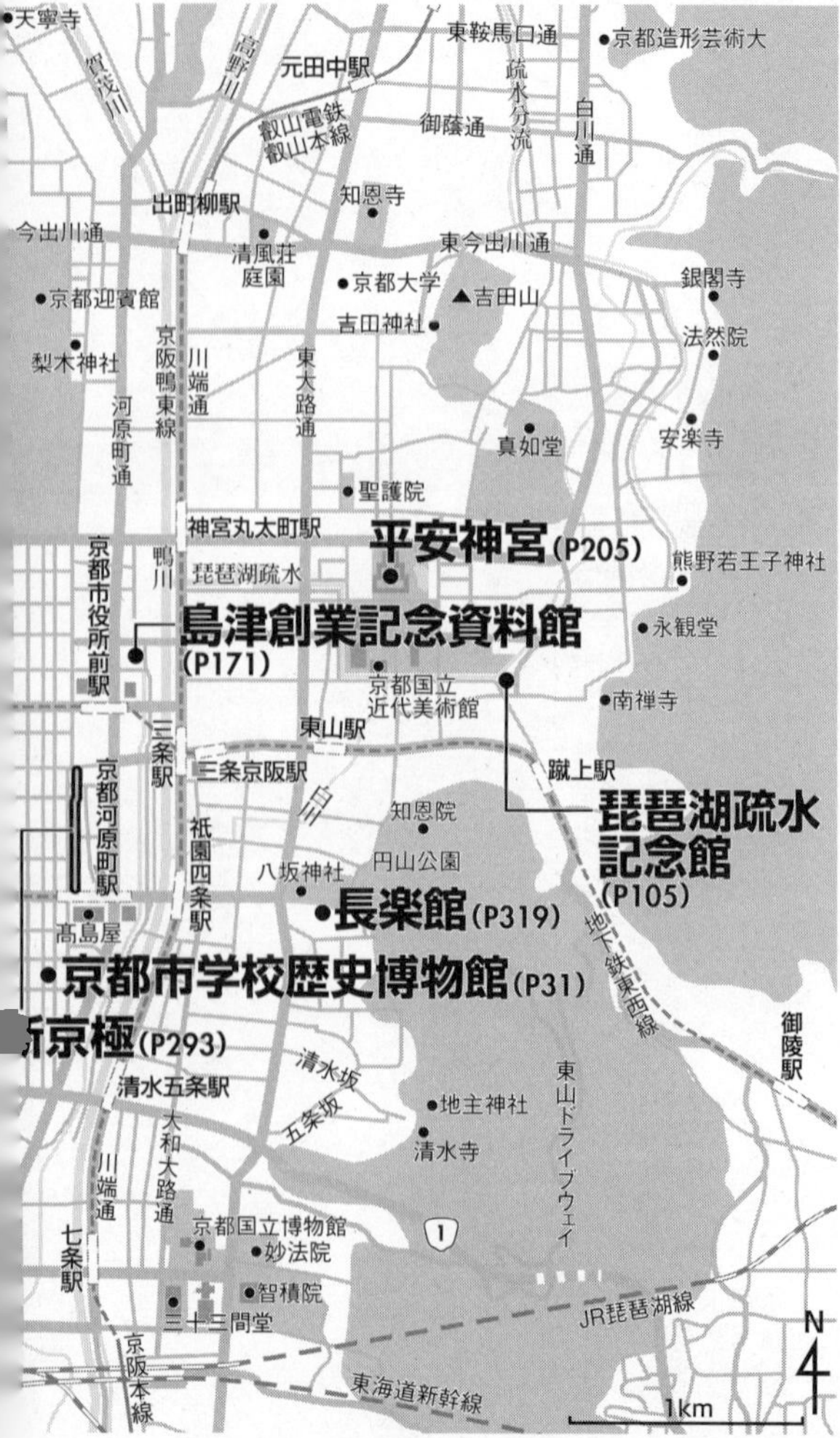
天寧寺
賀茂川
高野川
元田中駅
東鞍馬口通
京都造形芸術大
疏水分流
白川通
叡山電鉄
叡山本線
御蔭通
知恩寺
出町柳駅
今出川通
清風荘
庭園
東今出川通
銀閣寺
京都迎賓館
京都大学
吉田山
吉田神社
法然院
梨木神社
京阪鴨東線
川端通
東大路通
河原町通
真如堂
安楽寺
聖護院
神宮丸太町駅
平安神宮(P205)
熊野若王子神社
京都市役所前駅
鴨川
琵琶湖疏水
島津創業記念資料館
(P171)
永観堂
京都国立
近代美術館
南禅寺
三条駅
東山駅
三条京阪駅
白川
蹴上駅
京都河原町駅
知恩院
琵琶湖疏水
記念館
(P105)
祇園四条駅
八坂神社
円山公園
長楽館(P319)
高島屋
地下鉄東西線
京都市学校歴史博物館(P31)
京極(P293)
御陵駅
清水坂
清水五条駅
五条坂
地主神社
東山ドライブウェイ
清水寺
大和大路通
川端通
1
京都国立博物館
妙法院
七条駅
智積院
三十三間堂
JR琵琶湖線
N
京阪本線
東海道新幹線
1km

木辻通
千本ゑんま堂
上御霊前通
鞍馬口駅
宝鏡寺（人形寺）
立命館大学
石像寺（釘抜き地蔵）
平野神社
同志社大学
(P233)
大報恩寺
（千本釈迦堂）
北野天満宮
白峯神宮
今出川駅
西陣織会館
嵐電北野線
晴明神社
等持院駅
北野白梅町駅
浄福寺
智恵光院通
大宮通
堀川通
一条通
千本通
烏丸通
地下鉄烏丸線
極楽寺
京都府庁舎
(P17)
円町駅
丸太町通
JR嵯峨野線
丸太町駅
西大路通
二条城
二条通
JR嵯峨野線
二条城前駅
地下鉄東西線
西大路御池駅
御池通
神泉苑
BiVi二条
二条駅
三条通
西大路三条駅
六角堂
山ノ内駅
後院通
大宮駅
四条通
西院駅
四条大宮駅
嵐電嵐山本線
四条駅
壬生寺
阪急京都線
大宮通
堀川通
京都市立病院
9
五条通
丹波口駅
五条駅
西小路通
西大路通
御前通
西本願寺
東本願寺
西本願寺の大書院
(P73)
七条通
梅小路京都西駅
リーガロイヤル
ホテル京都
京都タワー
京都水族館
梅小路公園
JR京都線
京都駅
近鉄京都線

一章

〝京都府〟の誕生

——東京遷都のみかえりに支払われたものは?

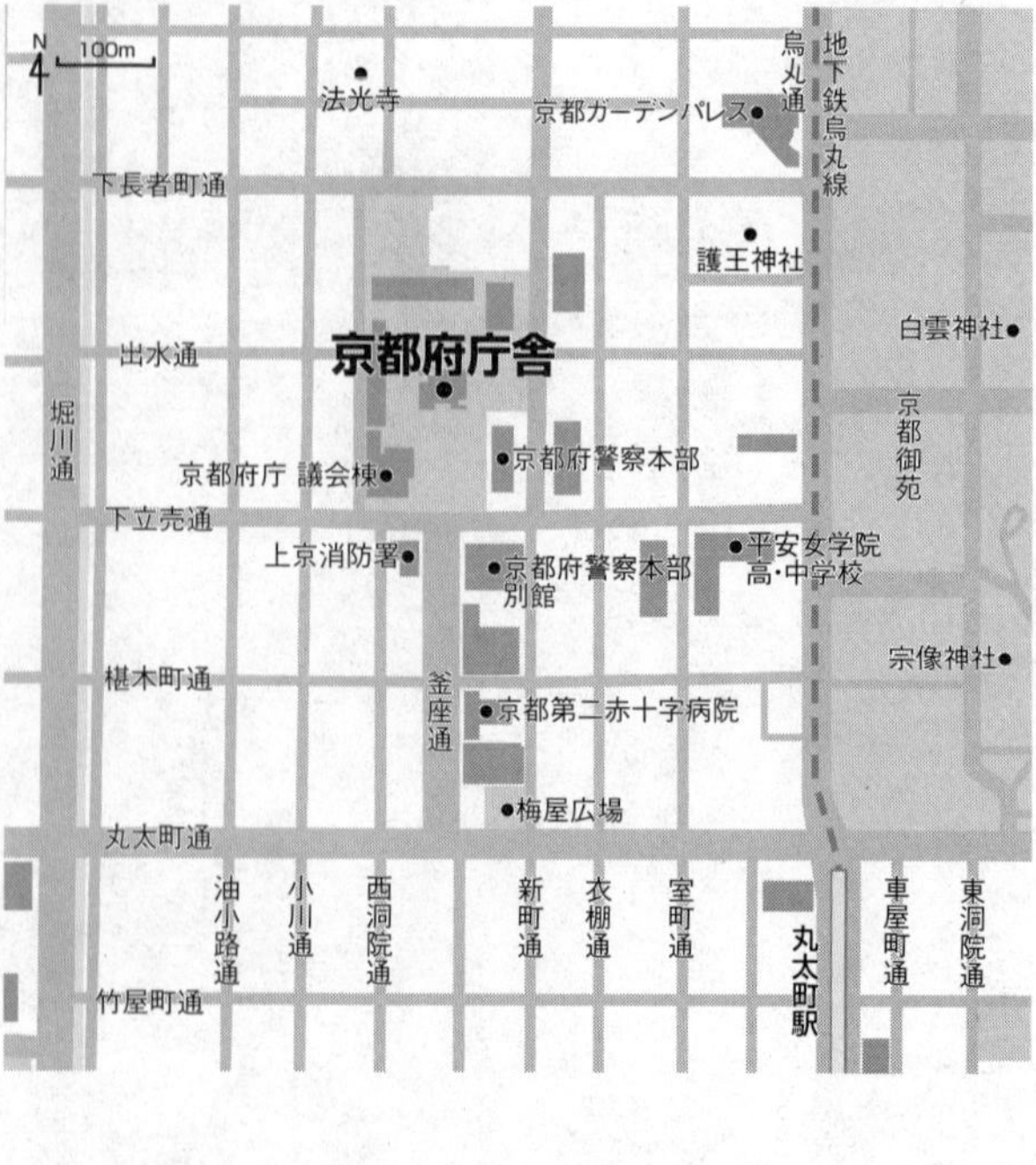
N
100m
法光寺
京都ガーデンパレス
烏丸通
地下鉄烏丸線
下長者町通
護王神社
白雲神社
出水通
京都府庁舎
堀川通
京都御苑
京都府警察本部
京都府庁 議会棟
下立売通
平安女学院
高・中学校
上京消防署
京都府警察本部
別館
宗像神社
椹木町通
釜座通
京都第二赤十字病院
梅屋広場
丸太町通
油小路通
小川通
西洞院通
新町通
衣棚通
室町通
丸太町駅
車屋町通
東洞院通
竹屋町通

京都の街の〝焼き畑〟原理

京都は〈焼き畑〉の原理が適用される都会である。

収穫がおわると農地に火をつけて、灌木《かんぼく》も草もいっしょに焼いてしまう。焼き灰が土地を肥沃《ひよく》にし、つぎの耕作の実りを豊かにする。前の時代を焼きはらうことによって、つぎの時代の収穫が約束される。

京都にも〈焼き畑〉の原理が通用する。

ほんとうの焼き畑ではないから、住民がわざわざ火をつけるわけではない。焼きたくはないのだが、しばしば災害に責められる。地震があり、火災があり、戦災がある。大都会だから、被害も大きい。

こんな恐ろしいところ、二度と住むものかと引っ越してしまう手もあるが、都会に住むことの実利と魅力、それは災害の被害や恐怖に勝《まさ》るのである。

ここに〈焼き畑〉の原理が活動する条件が発生する。

――もともと、なにもなかったのだ！

なにもなかったところに、人間が、ものごとをつくった。その積層が京都なのである。焼けても、潰《つぶ》れても、流されても、要するに最初にもどったにすぎない――そうかんがえることで、再生のための勇気が出てくる。

明治維新は災害であった――とかんがえてみる。蛤《はまぐり》御門《ごもん》の変（元治元年＝一八六四）の戦火で大半が焼けたうえに、天皇が東京に遷都する衝撃がかさなった。火事や地震は何度もあったが、天皇がいなくなるなどという大事件は経験したことがない。

東京遷都を否定する理屈は、いくらでも出てくる。だが、否定し、反対したところで天皇はもどってこない。

そうと気づいたときに、〈焼き畑〉原理に目がゆくのである。先祖の経験がよみがえるわけだ。明治維新、東京遷都、それを災害としてうけとめればいい。

焼け跡での再生である。邪魔になるものはすくなく、弱い。

京都を他の地方と同じようには扱えない

新しい政府の最高の役所は太政官《だいじょうかん》である。太政官は明治元年（一八六八）の正月十三日、左大臣の九条道孝《くじょうみちたか》の屋敷に設置された。二十日ほどして二条城にうつり、二年三月に東京にうつった。

京都の行政をおこなう役所はどうなったかというと、膳所《ぜぜ》・篠山《ささやま》・丹波《たんば》亀山《かめやま》の三藩に市中取締が命じられ、徳川幕府の京都町奉行があつかってきた公事《くじ》訴訟などを管轄することになった。

京都取締の最初の役所は室町三条《むろまちさんじょう》に、つぎに三条烏丸《からすま》に、そして明治元年正月十一日に東町奉行所の跡地にうつった。

三月に京都裁判所と改称された。現代では裁判所というと訴訟をうけつけて正邪、罪の有無《うむ》を判断する役所だが、このときの京都裁判所は民政をおこなう行政機関を意味していた。

閏《うるう》四月に京都裁判所から京都府へと改称された。初代の府知事は長谷信篤《ながたにのぶあつ》である。明治二年の十月、京都府の庁舎は旧京都守護職の役所跡にうつり、四年六月に二条城にうつり、十八年にまたまた守護職屋敷跡にもどってからは、ずーっとここが京都府庁の所在地である。

京都のひとびとは「京都府」という言葉に親しめない感情をもっていた。府庁に提出する文書などの宛て名を「京都御政府」と書くひとがすくなくなかったそうだ。(『京都の歴史　7』)

すでに天皇と政府は東京にうつってしまっている。「政府」が東京にあって京都にないことはわかっているが、それとこれとは別、という心理がうごく。政府が東京へうつったのを否定はしないが、京都と東京政府が絶縁状態になったわけではなく、京都府と東京政府は同体なのだ――こういう認識である。

ほかの地方にくらべると、京都の特異性はきわだっていた。

多くの地方では武士の組織――藩というものがあって従来どおりに民政をおこなっているが、京都の上京《かみぎょう》と下京《しもぎょう》には、江戸時代にも、明治になってからも、武士が存在しない。江戸からやってきた役人はいたが、維新とともに江戸に去った。上京下京に根を生やした武士はいない。

東京の政府にとって、京都は不安の種であった。

しかし、天皇と政府が存在しないというだけの理由で、京都を他地方とおなじように扱うわけにはいかなかった。京都が疲弊し、政府の困惑の種となりそうな気配がみえれば、それだけで政府の存在を不安定にするのである。

明治37年に完成した府庁。日本最古の都道府県庁舎

皇后の東京行啓に対する中止デモ、起きる

明治天皇が明治二年三月、東京に二度目の行幸《ぎようこう》をしてからも、皇后は京都にのこっていた。この二度目の行幸が事実としての東京遷都になったのだが、皇后が残留しているのは、京都市民のこころに、

——ことによると——

東京遷都の噂《うわさ》が根も葉もない虚説にすぎないのだという、万が一の僥倖《ぎようこう》を期待する気持ちをうえつけていた。

だが、ついに皇后の東京行啓《ぎようけい》が発表されたのである。行啓は十月だという。

九月二十四日、石薬師《いしやくし》門に数千人の市民があつまり、旗をおしたて、皇后の東京行啓を中止してもらいたいと嘆願した。いまの京都御苑の築地塀《ついじべい》の、東北の一角にあるのが石薬師門である。

嘆願の群れは門から奥にはいれなかったが、京都府は動揺した。上京と下京の町組《ちようぐみ》(京都の自治自衛の組織)の代表者をよびだし、懇切な言葉によって説諭した。説諭のうち、もっとも力点がおかれていたのは大嘗会《だいじようえ》について、である。

天皇自身がみずからの即位を神に告げる神聖な儀式を大嘗会という。明治天皇は慶応三年（一八六七）一月九日に践祚《せんそ》（天皇の地位をうけつぐこと）し、即位の礼もあげたが、目まぐるしい政変のため、大嘗会をおこなうことができなかった。

説諭はいう。

「大嘗会をなされぬまま、天皇は二度にわたって東京にゆかれた」

「それは、大嘗会を東京ではなく、この京都でおこなわれるお気持ちであるからだ。大嘗会は帝都でなければおこなえない定めであって、もしも東京で大嘗会をおこなわれるのであれば、その前に東京遷都の詔《みことのり》が発布されるはずだ。ところが、今日まで、遷都の詔は発布されていない。これこそ、天皇が東京には遷都なされないお気持ちであるしるしなのだ」（意訳）

しかし、このころすでに、政府の政策としての東京遷都は動かしがたいものとなっていた。政府と京都府は、東京遷都による京都の市民が味わう喪失感をやわらげなければならないとの認識で一致していた。

政府から京都にわたされた十万円の使い道

政府の会計官のなかに、商法司《しょうほうし》という役所があった。この商法司が京都の産業を世話することになっていた。政府の所在地であり、直轄地でもある京都だから、産業を政府の会計官が世話するのは当然のことだ。

だが、東京遷都にともなって商法司は廃止され、商法司の仕事を京都府がうけついで勧業方という役所をつくった。勧業方の業務は小前引立《こまえひきたて》、つまり一般市民に職をあたえることと、殖産を図ることの二点に集約された。

政府から商法司を通じて、京都府には十五万円の勧業基立金《もとだて》が貸与されていた。これは当然、京都府の勧業方に継承されたが、返還しなければならない性質の資金である。

京都府は、東京遷都が実現されてゆく日程との兼ね合いをにらみつつ、政府に産業基立金の支給を要請していた。政府の議政官との兼務で京都府に出仕していた槇村正直《まきむらまさなお》が、兼務をやめて本官の京都府権弁事、さらに権大参事へと昇進の階段をのぼりだした時期だ。産業基立金についての政府との交渉で奮闘する槇村の姿が想像される。

明治三年の三月、五万円の産業基立金が太政官から京都市中に下付された。夏ごろには五万円の追加が下付されると告げられた。あわせて十万円である。事実としての東京遷都は京都市民を絶望させた。絶望感をすこしでもやわらげるのが目的の基立金である。

基立金は京都府ではなく、「京都市中」に下付された。「市中」とは「民間」「市民」とおなじ意味だが、下付されるときに「貧民の救済に使わないこと」の一条が条件になっていた。民間の産業の育成補助に使うべきものとして下付するのだから、貧民のその日その日の暮らしの援助に使ってはならない、というわけだ。

京都市民の暮らしについて政府が顧慮しないわけではなかった。

京都府は洛中——上京と下京——の地子《じし》税を免除してほしいと要請していたが、政府は要請をみとめ、地子を免除した。織田信長《おだのぶなが》の挙兵入京のときの例でもわかるように、政権変動のあとでは、京都の地子が免除されるしきたりであった。武家から政権をうばいかえした天皇の政府としては、武家でさえ免除した京都の地子を徴収するわけにはいかない。

東京遷都の説明は小学校で

地子免除の申請と並行して、京都府は上京と下京の町組《ちょうぐみ》の編成替えをするから許可してほしいと申請した。

戦国時代のおわりごろ、京都の住民は町を結成し、町の連合――町組――をつくって自治自衛の組織とし、権力との交渉にあたってきた。

町組は江戸時代にももちこまれたが、古い町から枝町や横町が派生した結果、町と町のあいだに大小の不均等、上下の差別などの障害が生じてきていた。町組の役人の横暴が目にあまるようになり、住民との対立がはげしく、深刻になった。

維新変革を好機として、町組を新しく編成しなおそうというごきが、町組自身にも京都府にもおこってきた。長い歴史のつみかさねがあるだけに町組の編成替えにはトラブルもさけられなかったが、明治二年に新しい町組が布告された。

じつをいうと、町組編成替えの背景には、もうひとつの大きな目的――小学校を町組でつくる――があった。町組でたてる小学校に規模の差が生じるのはよくないから、町組の編成替えをして大小を均等にするこころみが並行していたのだ。

京都の小学校の特異な性格については二章を読んでいただきたいが、ここにひとつ、だれもが興奮せざるをえないはなしがある。

明治天皇の東京遷都とひきかえるかたちで京都府に産業基立金が下付されたとき、すでに町組の編成替えの作業はおわり、上京の三十三の町組、下京の三十二の町組はそれぞれの番組小学校を発足させていた（町組と小学校の数には変遷があって、かならずしも一致しない）。京都のほかの町では、小学校というものの影もかたちもないときだ。だれもが興奮せざるをえないはなしというのは、ここにある。

――天皇は東京にいってしまいになる。

――天皇はしばらくは帰京なされない。

――京都市民にたいする格別の厚い思《おぼ》し召《め》しのしるしとして十万円の産業基立金がさげわたしになる。

それぞれの小学校に町から一名の代表者がよびだされて、この重大至極のことが布告、説明されたのであった。（大山敷太郎《おおやましきたろう》『京都維新読本』）

東京行幸のはずが、いつのまにか東京遷都という大変なことになってしまった。

京都にとっては驚天動地のことだが、何の予感も用意もないところへ降って湧いたことではない。

それよりも先に住民は、町組の編成替えという大胆な作業に手をつけ、その成果はやくも、六十四校もの町組ごとの番組小学校として姿をあらわしていた。

小学校は町組の近代化をひっぱってゆく、晴れがましい役割を背負ったセンターであった。会所であり、消防署であり、警察の交番所であり、納税所であり、太鼓をうって時刻を告げる時報台であり、そして児童教育の場であった。

——京都の住民に、天皇さまのありがたい思し召しについて説諭をおこなわねばならないことになった。

政府から通知があったとき、京都府も京都の町組も、重大な説諭をうけるのは町組ごとの小学校がもっともふさわしい場所だと思って、疑わなかったのである。わたくしたちの感覚では、小学校は児童教育の場にすぎない。だが、この時期の京都では、小学校は近代にむけて町々をひっぱってゆく牽引《けんいん》車だった。

二章

「小学校会社」とは何か

——政府の学制発布以前につくられた、京都の小学校

東洞院通
高倉通
堺町通
柳馬場通
富小路通
麩屋町通
御幸町通
河原町オーパ
木屋町通
先斗町通
大丸
阪急京都線
京都河原町駅
烏丸駅
四条通
祇園四条駅
藤井大丸
髙島屋
京都マルイ
四条駅
綾小路通
聖光寺
勝圓寺
洛央小学校
寺町通
仏光寺通
佛光寺
京都市学校歴史博物館
ホテル日航プリンセス京都
高辻通
河原町通
川端通
京阪本線
松原通
松原橋
長香寺
鴨川
万寿寺通
地下鉄烏丸線
烏丸通
木屋町通
清水五条駅
柿町通
大和大路通
五条通
五条駅
下京消防署
本覚寺
100m
N

京都の小学校の歴史を展示している博物館

寺町通《てらまちどおり》のひとつ西が御幸町通《ごこうまち》だ。

御幸町通を四条から南へさがり、高辻《たかつじ》通へ出る手前の右に、京都市学校歴史博物館と表示してある。

〇〇小学校という特定の小学校ではなく、京都の小学校の総体を〈歴史〉としてまとめて、博物館という方法によって展示する——ほかの都市ではありえないだろう。

京都の小学校は、校舎の建造からして立派である。教育の内容が建物で左右されることはないはずだが、やっつけ仕事の粗末な校舎よりは、入念に設計され、堅牢《けんろう》な校舎のほうが楽しく、嬉《うれ》しいはずだ。

教室や廊下の床は分厚い木材で張られていて、内外をわける壁はこれまたどっしりと分厚い。はねまわり、とびまわりたい盛りの児童が思いっきりジャンプして騒いでも、となりの教室が振動することはなさそうな感じである。

たとえば、桃薗《とうえん》小学校には階段がない、スロープだときいたときには信じられなかったが、行ってみたら、ほんとうだった。戦前——昭和二十年よりも前——の建築だそうだ。

使用に耐えられないほど老朽化したとは思われなかったが、惜しむ声があがるなか、桃薗小学校は西陣《にしじん》小学校と合併して西陣中央小学校となり、新しい校舎がたてられた。これまたなかなか立派な建物であるが、消えてしまった桃薗と西陣の校名を惜しむひとは多いだろう。

桃薗小学校の講堂の緞帳《どんちょう》を新調する計画が出て、在校生徒の家庭に費用の寄付が要請されるということになった。安くはない費用のはずだが、短時間のうちに満額になったそうである。

卒業生の多くが西陣織の会社を経営していたり、技術者であったりして、裕福である。むかしの卒業生のお子さん、お孫さんがいまでも在校している。われもわれもと寄付の申込みがあって、あっというまに満額になったのだそうだ。

事実そのままではないかもしれないが、だいたいはこのとおりの経過だったのだろう。西陣織の町の中心の小学校ならではのはなしである。

小学校と住民の関係、学校に対する住民の想いが、よその土地とは異《こと》なっているのははっきりしている。

「京都の小学校」を展示する京都市学校歴史博物館

小学校の歴史がちがうのだ。よそとはちがう小学校の歴史をわかりやすく展示する、それが京都市学校歴史博物館である。一度はぜひ、ご覧になっていただきたい。

高名な画家の作品がさりげなく展示してある日もあって、思わぬ眼福《がんぷく》を味わえる。高名な画家の作品が、なぜ、ここに？

「番組小学校」とは何か？

明治二年（一八六九）三月十三日、上京第二十七番組小学校の校舎をたてる上棟式がおこなわれ、五月二十一日に開業式、六月十六日から授業がはじまった。富小路《とみこうじ》通御池《おいけ》の角、いまの市役所の西のあたりだ。

小学校という名による最初の開業式である。「第〇〇番組」の名を冠した小学校が続々とたてられ、十二月のすえの第二十八番と第二十九番組の協立の小学校でおわる。これで六十四の番組小学校が出そろった。

三月から十二月のあいだに六十四もの小学校がたてられたのに驚かされるが、たてた主体はそれぞれ別である。だから、それ自体は驚くにはあたらない。

六十四の小学校をたて、運営してゆく主体を町組《ちょうぐみ》という。町組に「第〇〇番」というように序数が付いているから番組とよばれる。番組がたてた小学校だから番組小学校と総称するのである。市立小学校とか町立小学校というのとおなじ呼び方だ。

京都の番組小学校は京都市立ではない。このころはまだ自治体としてはもちろん、京都府の行政区分としての京都市は存在していない。だから京都市立はありえないわけだが、では、なぜ京都市が存在していないのかというと、番組があったからだ。

「小学校をつくろう」と主張する人たち

小学校という教育機関は政府の学校制度によって誕生した――そう思っているひとがほとんどだろう。だが、そうではない。政府が小学校設立を構想する以前から、京都では、有力な市民のあいだに小学校の概念、小学校をつくって児童を教育しようとする構想がうまれていたのである。

番組小学校ができた前提として、ふたつのことがかんがえられる。児童教育の伝統の深さと、幕府の権力をできるだけ遠ざけて町々を運営してきた自治の歴史である。

児童教育の伝統からふりかえってみる。

王政復古が宣言されたのが慶応三年（一八六七）の暮れ、つぎの年の正月に鳥《と》羽《ば》と伏見《ふしみ》で戦争がはじまり、戦線は関東にひろがっていった。

新しい政府の所在地は、もちろん京都である。王政復古のあと、すぐに政府は東京（江戸）にうつったかのように思っているひともおおいだろうが、それはまちがい。京都に誕生した政府は、しばらくは京都にあったのである。

官軍を関東に送りだした京都で、小学校をつくろうという声があがった。画家の森寛斎《もりかんさい》を中心にして、書道家の西谷淇水《にしたにきすい》、画家の幸野楳嶺《こうのばいれい》、文具商の鳩居堂《きゅうきょどう》の熊谷直孝《くまがいなおたか》などがあつまり、京都府にたいし、小学校を設立すべきであるという口上書を提出したのだ。（『京都の歴史　7』）

かれらは王政復古のまえからしばしば寄合いをひらいて、寺子屋を近代化する方策について協議をかさねていた。かれらは、さまざまな分野の学問、芸術の専門家であり、児童にたいする教育家でもあったのだ。

森寛斎は長州《ちょうしゅう》藩士の息子として生まれ、大坂に出てきて森徹山《てつざん》に絵をまなび、養子となって京都に出て円山《まるやま》派の画家として活躍していた。画家の身分になっても長州藩との連絡を絶やさず、長州の尊攘《そんじよう》運動の秘密の工作員として京都で活動していたらしい。

明治元年の京都――長州関係者は尊敬、畏怖、期待される。大志をいだく者が森のまわりにあつまるのは自然の勢いである。

森の背後には長州の広沢真臣《ひろさわさねおみ》がいる。広沢は長州の外交担当者として尊皇攘夷期をのりきり、維新後は政府の参議になった。このころ、政府はまだ京都にあった。政府の参議といえば、京都ではいわゆる〈飛ぶ鳥を落とす〉勢いをもっている。

西谷淇水は江戸のなかごろからつづく家業の書道塾「篤志軒《とくしけん》」を主宰し、生徒は三百人をくだらないという勢力家である。習字のお師匠さんだけではなく、『四書』『孝経《こうきよう》』『小学』など儒学の初歩も教授する学者であった。

児童教育の長年の体験のうえに、幕末から維新にかけて京都の町の役人の傲慢《ごうまん》と無能に立腹し、その原因は役人の無教養にあると思いさだめたのが、西谷淇水の小学校建設の提案になったわけだろう。

幸野楳嶺は京都のうまれ、円山派や四条派の絵をまなび、二十歳まえの弱冠ながら画塾をひらいたばかりで、はりきっている。画学校をひらく抱負があったようだが、森や西谷と意気投合して小学校設置の計画に参加してきた。

熊谷直孝は薫香《くんこう》や文具を商う鳩居堂の主人だが、幕末期には尊攘派に肩入れした。公卿の鷲尾隆聚《わしのおたかつむ》が高野山《こうやさん》で挙兵を計画すると、軍資金を提供して援助するなど、危険な行動も厭《いと》わなかった。

みずから危険を冒して肩入れした倒幕が成功したいま、新政府がもっとももちからを入れるべきは児童教育であるとの信念にもとづいて、熊谷は小学校設立を提言したのである。鳩居堂はいまも寺町通三条上《あが》ルで営業している。

知識人たちのあこがれの風景

小学とか小学校という言葉は、京都で発明されたわけではない。

ふるいところでいえば、夏《か》・殷《いん》・周《しゅう》の三代にわたって普通教育をほどこしたのが小学と名づけられたという。小学の教育課目を整理した書物が『小学』で、儒教の初歩の教科書とされている。

日本では、佐藤信淵《さとうのぶひろ》という思想家が『垂統秘録《すいとうひろく》』のなかで、知行高《ちぎょうだか》が二万石の領地にはかならず小学校をたてるべし、との説をたてたのが最初だろうか。『垂統秘録』が書かれたのは文政八年（一八二五）だといわれる。

幕末、爆発的に読まれた福沢諭吉《ふくざわゆきち》の『西洋事情』でも小学校設立の必要が力説されていた。政治が一変したら小学校をたて、児童ひとりのこらず初等教育をほどこすというイメージは、小学校の名とともに知識人のあこがれの光景になっていたといっていい。それがいま、京都で実現しようとしている。

上賀茂《かみがも》神社の神官の梅辻規清《うめつじのりきよ》も、幕府領一万石につき三校の割合で小学校をたてるべきだと主張していた。梅辻は江戸に出て、下谷池端《したやいけのはた》に住んで独創の神道をひろめる本部とした。かれの神道の教説に幕府の政治を批判するところがあるとして摘発されて八丈島《はちじょうじま》に流罪され、維新を見ないうちに死んだ。

独創の神道をひろめようとしたことだけが処罰の理由ではないはずだが、普通教育を論じるのは政権を刺激し、処罰をまねく危険があったのは知っておいていただきたい。

佐藤信淵や梅辻規清の意見では、小学校をたて、運営する主体はかならずしも明確ではない。衰退しつつあるとはいえ、ともかくも幕藩体制が維持されているうちは言及しにくいテーマであったのだ。

同時に命じられた、町組の改正と小学校の建設

王政復古、そして維新政府の誕生は小学校の設立と運営主体について明るい展望をあたえた。

京都の場合、小学校をたてて運営するのは番組にほかならないということが、むしろ前提条件となったのである。

町々の組合——町組を新しく編成して順番をつけたのが番組である。町組や番組はわかりにくいが、最低のことだけは理解してもらわなければならない。

戦国時代のおわりごろから京都は上京と下京にわかれ、それぞれは町組にわかれ、町組は町にわかれていた。町から町組、町組から上京または下京というのが自治の秩序であった。上京と下京の地域は豊臣秀吉《とよとみひでよし》がさだめた洛中とほとんどおなじであるが、千本《せんぼん》通から西には近世の町は成立しなかったので、町組はない。

上京の町組は十二組、町の総数は七百七十三。下京は八組、町の総数は六百弱。このほか、禁裏六丁町と古町新町、東六条寺内、西六条寺内、大徳寺《だいとくじ》門前、東寺《とうじ》境内、大佛境内、粟田《あわた》領、建仁寺《けんにんじ》門前、知恩院《ちおんいん》門前、南禅寺《なんぜんじ》門前、清水《きよみず》門

前、八坂《やさか》、百万遍《ひゃくまんべん》門前、御室《おむろ》境内の町組があった。

町の総数は千七百三十ほど、これが幕末から明治初年にかけての、京都の自治の基礎の単位であった。

織田、豊臣、徳川の三代にわたる権力とのやりとりを通じて町組の自治権はまもられてきたが、町組のなかには問題も生じていた。

古くから成立していた町が、新しく生まれた町——枝町・新町・離町などを支配して優位を誇り、町組の運営において差別する弊害が生じてきていた。

町代《ちょうだい》、雑色《ぞうしき》、年寄、五人組といった町役人の選出にあたって特権が発生し、借地借家人は町組の運営について発言権をみとめられない差別がはなはだしくなっていた。

維新政府の発足にあたり、それまでの町組の弊害を一掃してもらいたいという要求は強烈であった。

そしてさて、くりかえしになるが、このころはまだ政府の所在地は京都であった。

——われらは政治百般を革新しようとしている。お膝元の京都の町組の運営に古代の残滓《ざんし》があるのは耐えられない、大鉈《おおなた》をふるって改めよう！

政府と京都府の役人が決意したのが番組小学校の誕生の前提になったといっていい。町組の改革に成功するか、しないか、そこに政府と京都府の将来が懸《か》かっていたともいえるのだ。

明治元年九月、京都府は町組にたいして二件の策を勧奨した。

①町組の編成を改正する。改正を審議する議事者をそれぞれの町組から選出せよ。

②市中に十〜十二の小学校を建設し、児童に読書・算術・習字の三事を教授する。建設費用は寄付金と軒役《のきやく》により、市中で賄《まかな》う。(軒役——戸別負担の臨時目的税)

町組の改正と小学校建設という二件の大事業が、組み合わせになっていた。

小学校建設を命じるのではない、勧奨するという姿勢である。政府立でもない、京都府立でもないのは費用を惜しんだからである——こういう解釈がなりたたないこともないが、それよりは、京都の町組の意欲に期待するところが大であったとみるべきである。

政府か京都府が全費用を出して小学校をたてるなどということなら、かえって町組の怒りをまねき、町組改正さえ暗礁《あんしょう》にのりあげていたはずだ。

一つの番組に一つの小学校

議事者の会議は新しい町組の編成案を提案した。二条通を境界として、北を上京、南を下京とした。上京は五十五の番組、下京は四十一の番組とするという案である。

町組には固有の名称があった。上京では立売親九町組《たちうりおやきゅうちょうぐみ》、下京では巽《たつみ》組というように名称がついていたが、改正案では番組と称することになった。厳密にいうと、これからは番組とよばれる町組の時代になるわけだ。

一番組、二番組という序数の名称は個性がなく、歴史性が断絶されるような印象がするけれども、そこに〈近代〉への情熱があったのだとかんがえたい。

長い歴史のなかに発生した特権や差別、しがらみといったものを一掃して近代をむかえるには、町組の名称を没個性のナンバーにしたほうがふさわしいのである。

しかし、この編成には従来の複雑な因縁がのこっていた。このままの編成では上・下両京の運営にも支障が生じるのは必至であったので、議事者会議に再審を指示し、第二次の編成案が二年の正月に提出、認可された。

上・下両京の境を三条通とし、上京が三十三番組、下京が三十二番組（まもなく三十三に増える）である。上京の町の総数は八百七十二町、下京は八百十二町である。

一番組に一小学校――これが政府や京都府の腹案でもあったのだろう。第一次の番組編成案が短期で否定されたのは過去の因縁を払拭《ふっしょく》する狙《ねら》いがあったのだろうが、それとは別に一番組に一校の腹案があって、組の数を減らして組の規模を平均する方向に誘導したのだと思われる。

誤解を解くための丁寧な説明

番組編成の変更が審議されたのと並行して、京都府から「番組の中央に会所を置くべし」と指示があった。番組を運営し、紛争を調停する権力をもった自治機関の役所が会所である。

一番組ごとに会所がおかれ、番組の運営にあたるとなれば、これはもう完結した一個の生活空間といっていい。そこに設立されるのが番組小学校なのである。

明治元年の十一月二十日、それぞれの町の年寄と議事者が府庁にあつめられ、小学校建設の主旨が口達《こうたつ》された。懇切丁寧《ていねい》をきわめ、微に入り細をうがつ姿勢の文章である。意訳して紹介する。

①小学校建設について相談したところ、快諾した町もあり、あれこれ理由をならべて拒絶した町もある。町々の不同意をおさえつけて建設を強要するものではないが、政府の御主旨が町々に理解されぬままの不同意であっては残念である。そこで本日、諸子に来てもらい、あらためて相談する次第である。

②半年ごとに一分（一両の四分の一）の軒金を、これまでの軒役と混同しているのが誤解の元であるようだ。ひとりで何軒もの貸家をもつ者は何人分もの軒役を出さねばならないが、今回の軒金は表住まいの者も裏店《うらだな》住まいも借家人も区別なく、一竈《いっそう》（かまど）をかまえている者から半年につき一分の同額の軒金を出してもらうのである。

③軒金は政府に上納するのだとかんがえているようだが、これもまた誤解である。政府から補助金は出るが、補助金に頼るだけでは小学校の永続は望めない。永続するような仕組みをかんがえよということから軒金の件がきまったのであ

る。

④小学校は遠方にできる、馬や車が往来する道を子供に通わせるのは事故が心配だという意見もあるだろうが、これまた誤解なのである。われらの小学校は一町組に一校ずつたてられるのだから、住まいと学校は近いのである。

そのほか、こまかいところまで言葉を尽くして、番組による自主設立を勧奨していた。小学校は町組の会所にもなるのだと強調したり、ちょっとした飲食にも一分や二分はつかってしまうではないかと追従《ついしょう》の術をつかったりして、工夫の跡がみえる。

年寄や議事者に主旨を説明する一方で、府は富裕市民へ協力金の寄付を要請した。寄付を申し出る者があらわれるにつれて、小学校建設を決意する町組がふえてきた。

府庁で主旨を説明したのは十一月二十日だが、それから十日後には上京で十七、下京で十六の町組が小学校建設をきめた。ほかの町組も小学校建設をきめるだろうと予測がついたので、いよいよ建設にかかる。

校舎をたてるにあたって模範となる絵図面がしめされたが、とりあえず校舎と

番組の区画
（明治２年正月晦日改正）

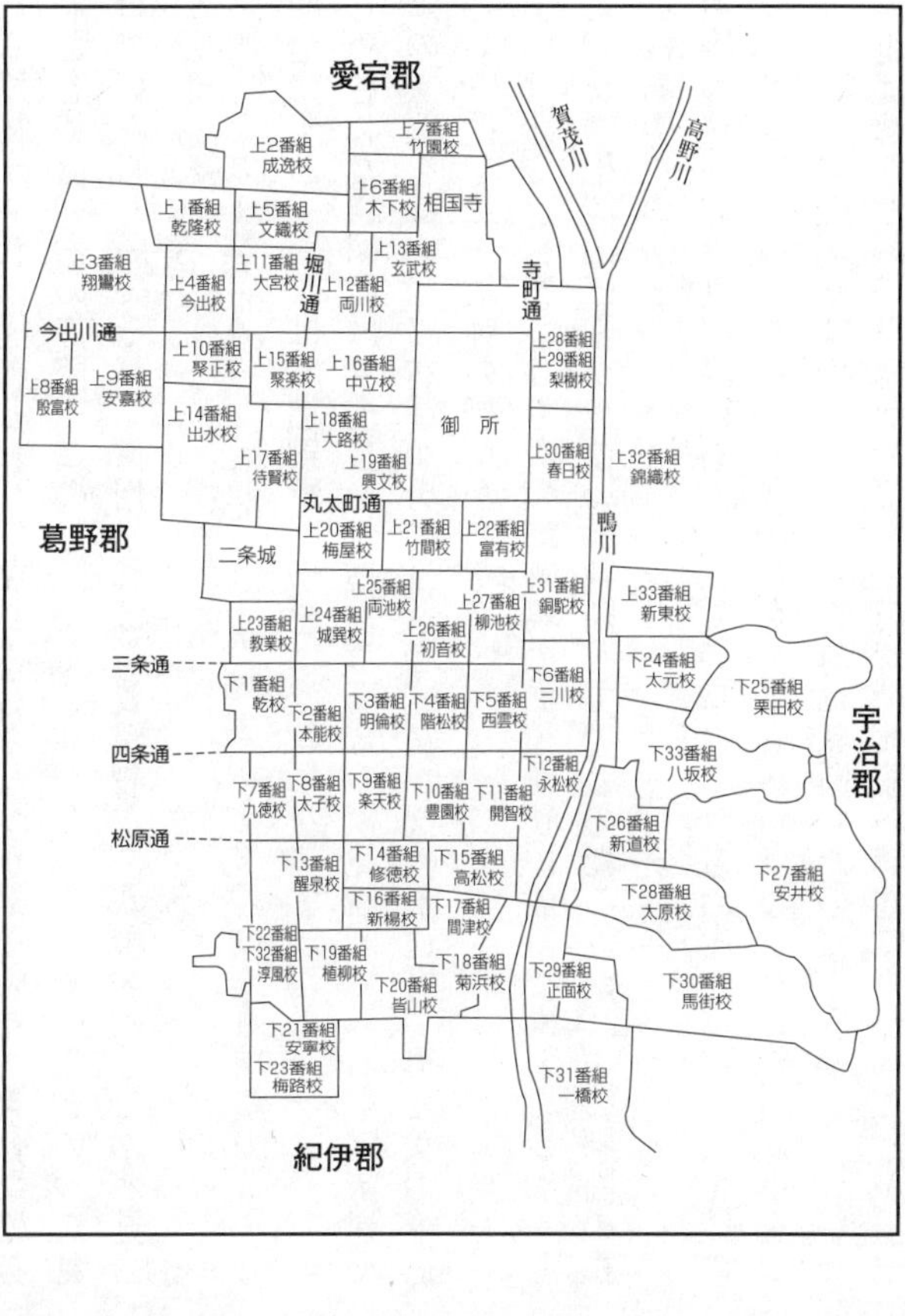

してつかえる建物があれば模範どおりでなくてもさしつかえないと、柔軟な姿勢である。府としては、あの寺院、この寺院がたちゆかなくなっているといった見込みをつけていたらしい。それを借用すれば学校建設がスムーズにはこぶと見当をつけていた形跡がある。

神道を優遇し、佛教を痛めつける廃佛毀釈《はいぶつきしやく》の嵐がふくのはもうすこし先のことだが、明治二年ともなれば廃佛毀釈の予感は濃厚になっていたのだ。

府からしめされた絵図面は、校舎を新築する場合の模範設計である。二階建てとし、一階の玄関をはいって右手が男の筆道場、左が女の筆道場、男と女の筆道場をへだてて町役や筆道教師の控室がある。

男女共学ではあるが、男よりも女の筆道場の面積が狭い設計であるのがおもしろい。男より女の生徒のほうが少ないと判断しているのだろうが、この判断の根拠は、どこにあったのか？

女の筆道場の狭い分は供待場《ともまち》にあてられている。これもおもしろい。女生徒の通学には危険がつきものである、彼女らの身をまもらねばならないからお供をつけてやる――そう配慮する家族が多いと京都府は判断したのだろうか。

二階の広間は講堂であり、講釈・読書・会読・教諭の講堂につかうことが予定されていた。講堂の右手が出勤場、左手は算術の教室と算術師の控室である。

政府の財産を京都のために横流しした男

小学校が建設されるのはまちがいない。そうなった時点で京都府は、費用そのほかの実際的な件について十二月六日に確定的な計画をしめした。

建設費として京都府から八百円を貸与する。しかし、町組の会所と一体の施設であるから、半額は町組から返済すること。ただし、無利子の十ヵ年年賦《ねんぷ》とする。のこり半額は返済にはおよばない。

半年一分の戸別の軒金と、有志者からの寄付は小学校の永久の運営費に充当せよ。

町組のうちに五軒、十軒の貧窮者があって半年一分の軒金がはらえないとの理由で小学校をたてられぬ組がある。これは残念なことである。組のうちの富裕の者から寄付があって、寄付金を足せば戸別軒金の総計に達するということならば、結構なことである。少数の貧窮者を助けて小学校建設が実現するように努力してもらいたい。

校舎をたてるのに適当な敷地がなく、寺社の境内《けいだい》を借りようとしたが、交渉がうまくすすまない——こういった場合には、府のほうから手をまわして交渉する用意があるから、こちらへ相談してもらいたい。

一校につき八百円の割合で建設費を貸与する——東北の戦争はおわったが、蝦《え》夷《ぞ》における榎本武揚《えのもとたけあき》らの叛乱はつづいている。政府としては、京都の小学校建設にまわす財政余裕は一銭たりともないはずなのに、一校につき八百円とは気前が良すぎるではないか？

この疑問にこたえる必要ありというのであろうか、『京都府教育史』はつぎのような逸話を紹介している。

「維新当時の官没《かんぼつ》財産より出たものである由《よし》を関口秀範氏が書いているから、おそらく二条城にあった幕府のもの、あるいは旧旗本などの財産の没収せられたものがあったのであろう」

官没財産とはつまり、旧幕府の財産を新政府が没収した財産である。

官没財産の所有権はまず政府の手にあり、政府が京都府にたいして「これこれの政策執行のために、これだけの金額をつかってよろしい」と指示してはじめて京都府のものになる。

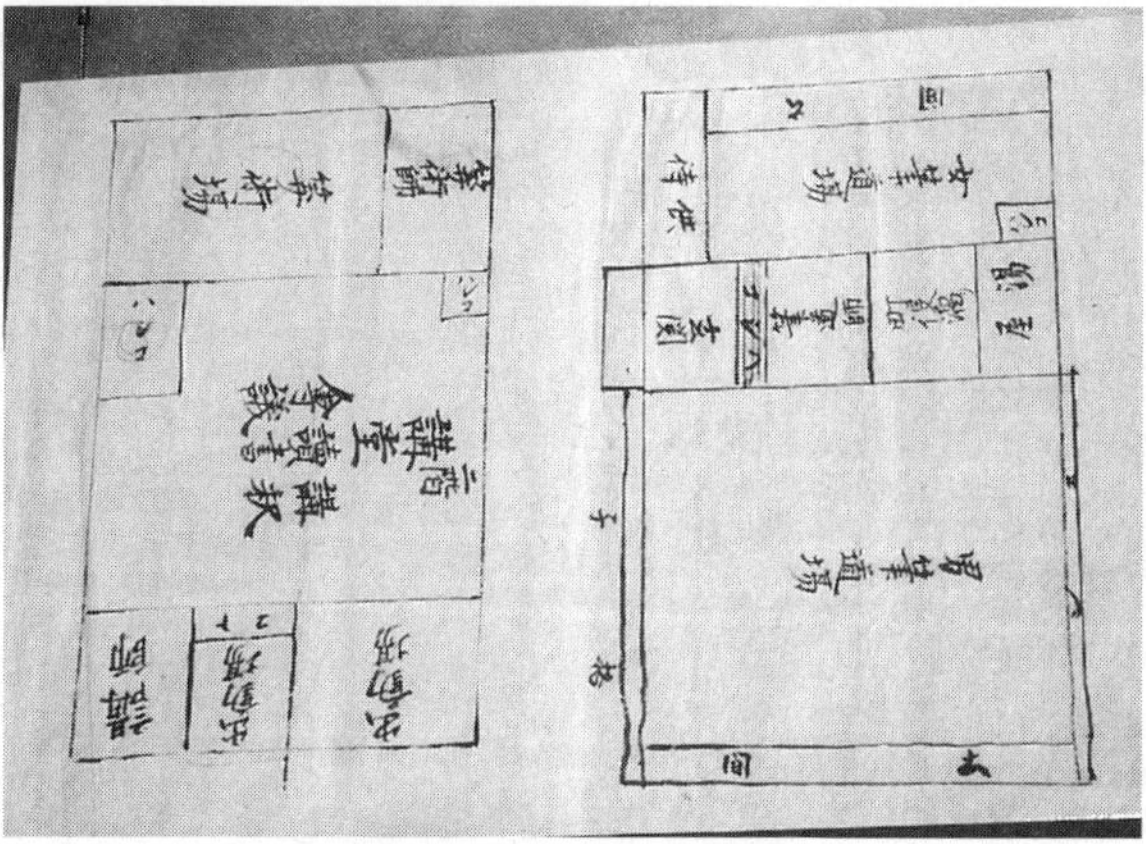

模範的な学校の設計図

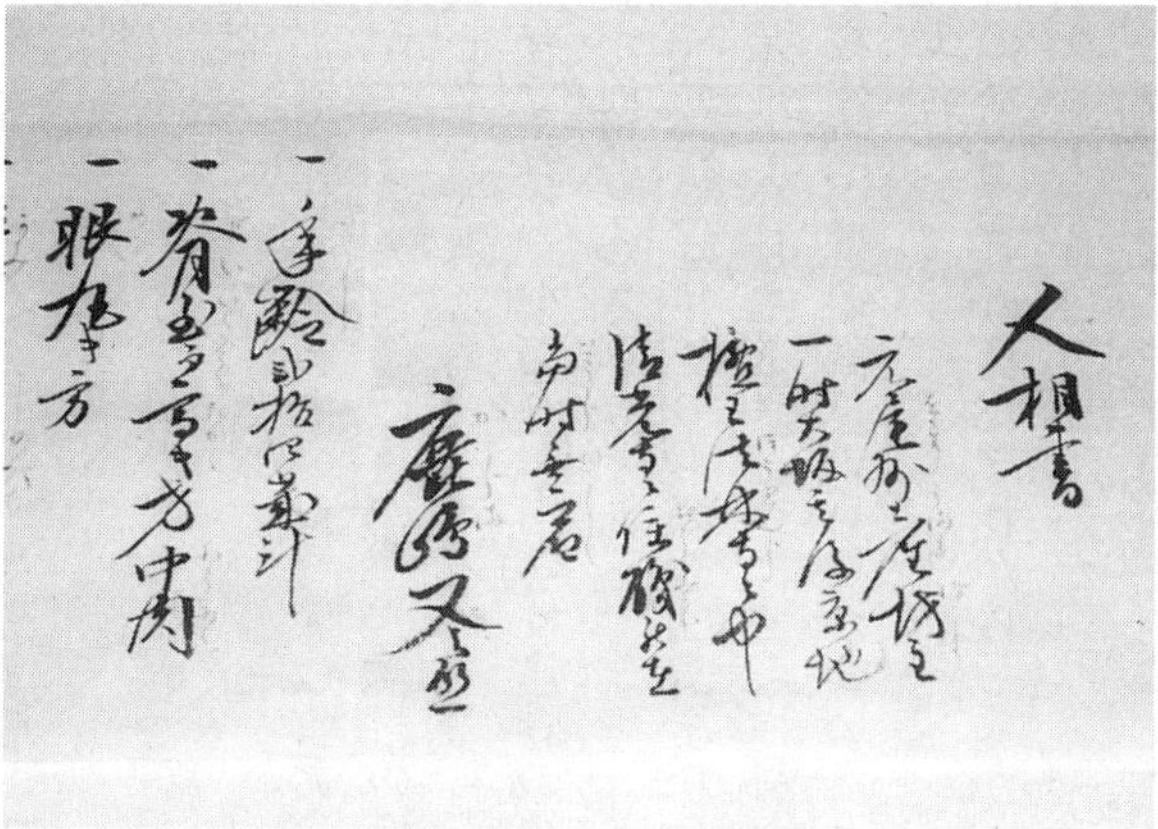

殺人犯の人相書きが、なぜ小学校に？

『京都府教育史』の記述は、そのあたりに秘密があったらしいよ、と示唆《しさ》してい

るように読めるのだ。

旧幕府の財産没収の手続きをしたのがだれであったか、くわしくはわからない

が、責任者のひとりは槇村正直《まきむらまさなお》（26ページ参照）であったはずだ。

槇村は議政官史官試補の身分として、京都府出仕を兼ねていた。太政官の三権

――立法・行政・司法――のうち立法をつかさどるのが議政官だが、槇村の例を

みてわかるように、議政官は行政にも介入したのである。

旧幕府関係の没収財産はすべて政府の所有であり、京都府の小学校建設の補助

金として投入されるとしても、政府の判断が前提となるべきである。

だが、京都の小学校に投じられた補助金については、この手続きはふまれなか

ったのではなかろうか。というのは、明治元年十二月二十六日づけで、槇村が京

都府から特別表彰をうけたのである。小学校建設の費用調達の目処《めど》がついたとい

うのが表彰の理由だが、早すぎるのではないか。

府から八百円の補助金の件がしめされたのが十二月六日、それからちょうど二

十日すぎた時点で府は槇村を表彰した――なぜ、これほど急ぐのか。

槇村が出世の階段をかけのぼるのは予想されている。まずは京都府の権大参事

になり、それから大参事、権知事、そして知事へと昇進をつづけて小学校建設の実現をめざす。小学校がたてられた時点で槇村を表彰すればいいはずなのに、なぜ、これほど急ぐのか――建設補助金を調達したことに格別の意味があったからにちがいない。

本来ならば政府の財産になるものを、槇村がねじまげて京都の小学校建設費として投入した。

ねじまげて、というのがいいすぎだとすれば、旧幕府関係の官没金は政府の金庫に収納されることなく、議政官史官試補の槇村から京都府出仕の槇村へ、槇村の判断によって横流しされたのである。

政府の金庫に入れると、そのままとりあげられるおそれがある。はやいうちに京都の小学校建設の補助金につかってしまって、功績者の槇村を表彰したばかりです――こういえば、まさか政府も、返せとはいわないだろう――ということではなかったのか。

官金の流用は、悪くすると処罰の対象になるが、小学校建設が処罰されるはずはないのである。流用の事実よりも、小学校建設の事実に政府の目をむけさせればいい。そのための槇村表彰であったのだろう。

政府にいわせれば、「ケシカラン！」だろうが、京都としては、
――よくやってくれた！
褒《ほ》めてやりたい感じである。

われらの力で運営する――小学校会社設立

明治二年五月二十一日、上京第二十七番組小学校が富小路通御池の片山町にできあがって、開業式典がおこなわれた。

この日は下京第十四番組小学校の授業の開始の日でもあった。開業式典は遅れたが、授業は予定どおりに開始したのである。

いや、授業開始といえば、下京第二十四番組小学校のほうが二ヵ月も早かった。祇園《ぎおん》町南側の町会所で、三月には授業をはじめていたのである。おもいかえせば、元治元年（一八六四）六月、近藤勇《こんどういさみ》ひきいる新選組《しんせんぐみ》はこの会所に結集して態勢をととのえ、尊皇攘夷派のあつまる三条通の旅館池田屋めざして出撃したのだ。

下京二十四番の町組は地域が広かったので南側の十三町が分離独立して三十三

番組となり、会所のとなりに校舎を新築して三十三番組小学校とした。北側の町々は新しい校舎をたてて下京二十四番組小学校とした。

その後の建設は順調であった。上京の二十八番組と二十九番組、下京の二十二番組と二十三番組はそれぞれ協立の小学校をたてるといった工夫もあり、二年十二月のうちに六十四すべての番組小学校ができあがった。

すべての小学校が八百円の補助金をうけとったわけではない。上京第二十七番組小学校は組内の有力者の鳩居堂の熊谷直孝などが率先して寄付をした結果、補助金は辞退してほとんど自力で開業にこぎつけた。上京の第十一番組、第二十五番組、第二十六番組も補助金をうけなかった。

もちろん、財政難のために苦しい経営を強いられた番組もあった。教師の給料を戸別の軒金でまかなうのが基本であったので、町組の活力の差がそのまま小学校運営の財政能力の差に反映した。

組ごとに基金をつくり、運用利息によって小学校の運営費をまかなおうという計画がうまれてきた。小学校会社である。

小学校会社を発案したのは下京第十四番組だとされているが、その裏には槇村正直の指導があったといわれる。槇村が基金運用方式を示唆し、最初に具体的な計画を発表したのが下京第十四番組であったのだろう。下京第十四番組小学校は出水《でみず》通日暮《ひぐらし》西入ル天秤《てんびん》町にたてられ、七月一日に開業式をあげた。組の年寄の呉竹弥太郎《くれたけやたろう》、添年寄の安田与兵衛《やすだよへえ》、総代の河内屋善兵衛《かわちやぜんべえ》が発起人となって小学校会社を設立する計画をまとめ、京都府に具申した。組のうちで貸付と預金引受をおこなう。預金利子は月に一分、貸付は月に一分半とし、差額の利潤を小学校の運営費にまわす。

貧窮者には戸別の軒金を免除し、商売にゆきづまった者にはそれなりの額を融《ゆう》通《ずう》する。落魄《らくはく》の危機にある者にたいしては、協同して援助をおこなう。京都府からの補助金を番組として年賦《ねんぷ》返済することになっているが、小学校会社が返済義務をひきうけることとする。

補助金の返済をかんがえると、町組よりは会社方式によるほうが確実である。槇村が小学校会社設立を示唆したのも、このあたりに魅力があったからだろう。京都府は下京第十四番組から申請された会社設立をみとめ、「下京十四番会社」と称するように指導した。これをきっかけにして、それぞれの番組で小学校会社が設立された。

出資金は巨額であったといってさしつかえない。下京第四番組では中年寄の遠《えん》藤弥三郎《どうやさぶろう》と添年寄市田理八《いちだりはち》が三百六十円ずつ出したのを筆頭に、二百二十五円、百三十六円といった大口の出資があり、総計は一万両をこえたという。（『京都府教育史』）

——われらの町の小学校はわれらのちからで運営してみせる！

教育によせる市民の期待の大きさ、奉仕の意気込みの高さはいうまでもないが、巨額の出資が高額の利益を産むはずだという商人としての判断もあったにちがいない。いいかえれば、小学校会社の運営が投資の対象として高く評価される状況もあったのだ。

小学校会社に配られた玄米

それぞれの番組に小学校会社が設立されるはこびになったのを確認して、京都府は三千百五十石の玄米を会社に配分する措置をとった。

大量の玄米が、どういう事情で小学校会社に配分されたのか。

明治天皇が明治二年に東京に行幸した。たんなる行幸ならばいいのだが、行幸は東京遷都の予行ではないかという不安が生じ、不安が現実のものになると京都の人心は動揺した。

京都の人心不安をおさえるために、政府は具体的な手をうった。前述のように（27ページ）地子銭を免除し、産業振興のために十万円を下賜、そして一万石の玄米を下賜したのである。

一万石のうちの三千百五十石を五十石ずつ、小学校会社に配分することにしたが、玄米ではなく、現金に変換して配給したそうだ。玄米の配給はもう一度あった。

玄米と現金を運用するにあたっては、それぞれの会社の判断に任されたらしい。

会社の備蓄米として町々に割り振り、米価の高い時期を見計らって換金し、余裕のある組人に貸し付けて利子をとり、その利子でさらにコメを買って備蓄を増やすという、まさに米穀商社なみの運用をする番組もあった。

町々に割り振るまではおなじだが、換金せずに、そのまま利子を徴収する番組もあったそうだ。

東京遷都による産業の疲弊、人心不安を理由とした下賜金、玄米給与である。

結果的に京都の市民が扶助されればいいわけだが、番組小学校の会社に投資されるかたちで市中にながれたところに京都の特長がある。

番組小学校と小学校会社は、京都を近代にむけて動かしてゆく自動車の、前輪駆動のエンジンのような役割をはたしていたのだ。

不足気味だった算術の先生

明治三年正月、それぞれの番組小学校で「稽古《けいこ》はじめ」の式がおこなわれた。「稽古」はいまでも祇園や宮川町《みやがわ》、上七軒《かみしちけん》の花街で生きて使われている言葉だが、番組小学校の授業も「稽古」と意識されていたのである。

京都府が統一の式次第をつくったのが三年の正月であったが、孔子《こうし》と天神《てんじん》（菅《すが》原道真《わらみちざね》）の像を二学神として敬礼することを定めている。学校歴史博物館に展示されている二学神の像は、下京第七番組小学校でつかわれていた実物である。

授業科目は句読・暗誦・習字・算術の四科にわかれ、それぞれが五階級に配分されている。

暗誦の第五等はアイウエオの五十音をおぼえることだが、第一等になると各国の国旗、外国里程つまり地理、英語とドイツ語の基礎単語を五百おぼえることが要求された。

算術の第五等は珠算の足し算と引き算だが一等では求積・開平方・開立法をまなぶことになっていて、これはかなりの高等数学である。

儒学や心学、書道の教師には市内で塾をひらいていた専門家が応募してきたからよかったが、算術の教師はつねに不足していた。実利を軽んじ、名節と尚武を重んじたそれまでの教育の弱点が、ここにきて露呈したのである。

珠算の教師は少なくなかったが、まったく新しい学問である筆算の術を知る者がいないのである。その反面、筆算をまなびたいと願う生徒は多かった。これからは筆算を知らなければ外国人相手の商売はできない、西洋建築の設計図もひけないといった切迫感もあったのだ。

明治三年の暮れ、所司代の跡地に中学校がたてられた。算術教師の必要はますます高まったが、さいわいなことに、長谷川という役人が京都府の大属として赴任し、算術の知識があったことから算術教官を兼ねることになった。

長谷川大属のもとに橘春斎、吉田吉之助がまなび、まもなく教師として生徒におしえる体制ができた。吉田は斗南《となみ》藩（旧会津《あいづ》藩）の藩士であったが、斗南にはもどらず、山本覚馬《やまもとかくま》（七章参照）の門下生として京都で学問をつづけていたのである。

小学校に配られた殺人犯の人相書き

学校歴史博物館に京都府から配布された犯罪人の手配書、つまり人相書きが展示されている。上京第二十三番組小学校の所蔵品だ。

手配書とか人相書きというと、なにやら物騒な感じがするが、これは殺人事件の犯人を追及する手配書である。

明治二年正月五日、政府の参与の地位にあった横井《よこい》小楠《しょうなん》が寺町通丸太町下ルの路上で襲撃され、死んだ。

熊本藩士の横井は観念的な学問を排し、実学を提唱する学者として世に出た。熊本では尊敬されなかったが、藩の外ではきわめて高く評価され、松平慶永《まつだいらよしなが》にまねかれて越前藩の財政改革にちからを尽くした。

明治維新のあとの日本は、まさに横井理論の有効性を実証する場となった。横井は文字どおりに時めく政論家として脚光をあびたのだが、それを憾《うら》み、妬《ねた》む保守的なひともすくなくなかった。

政府の懸命な探索にもかかわらず、横井小楠の命をうばった犯人の行方はわからなかった。そこで要所要所に人相書きをまわし、ひろく情報をあつめることになった。

その人相書きが上京第二十三番組小学校にのこっていた。小学校には関係のない人相書きがまぎれこみ、そのままのこったわけではない。人相書きは二十三番組小学校に——ほかの小学校も事情はおなじ——正しく配布されたのである。

小学校に殺人事件の犯人の人相書きが配布される——現代では思いもよらぬことだが、当時の、とくに京都の小学校では当然のことであった。

なぜなら、京都の番組小学校は、その町組の総合的な役所であったのだ。

明治七年になって、京都府から文部省にたいして「京都学校の取調書」というタイトルの報告書が提出された。文部省が、全国にさきがけて小学校をたてた京都府の経験を知ろうとしたのだ。

その報告書の一部を紹介する。(『京都府教育史』)

「区内の児童を奨励して校に就き、学に従わしむること」

これが第一項目である。以下の十五項目を意訳する。

「区外から入学を願う者があれば、審査して許可し、あるいは拒絶する」

「教授科目は読書、習字、算術、暗誦の四科とし、もっぱら日用的、実のことを教える」
「公布される規則や布告を掲示し、質問があれば説明する」
「区内の人民が集会し、会議をおこなう」
「区長が出勤し、戸籍事務をおこなう」
「府の知事や参事が臨時に来校し、人民の難儀を調べ、説諭をおこなう」
「番人が駐屯《ちゆうとん》して区内を巡回し、非常事の発生をふせぐ」
「旅人の区内宿泊や出入、盗賊や乱暴人の件を届ける窓口とする」
「防火の機械を備え、区内の壮年者に火災防止の作業をさせる」
「区内の児童に種痘《しゆとう》をおこなう」
「時報の装置をおき、区内の者に時刻を教える」
「区内の帳簿をそなえておく」
「非常時には官員が出張して検察する」
「地税の印紙そのほか、官にたいする納入事務はかならず小学校において区長の点検をうける」
「巡講師が出張し、もろもろの布告を講じる役所とする」

第一から第三までは現在の小学校に似ているが、そのほかの項目は、現在ならば学校よりは純然たる役所の業務である。

小学校は消防署でもあった

このころの校舎の写真がのこっている。校舎の上に高く突きでているのは火災をはやく発見するための望火楼である。番組小学校はその町組の消防署でもあったから、望火楼《ぼうかろう》があって当然。

区内を警邏《けいら》する番人が駐屯し、望火楼で火災を監視し、町組の有力者があつまって議会をひらき、京都府の公的な文書が掲示されている——そういう雰囲気のなかで小学校生徒がまなんでいた。

小学生が町の運営や親の日常から隔離されていなかった。町の動きの先端、あるいは中心に位置をしめて小学生が学問をしていた。

京都の番組小学校は小学校というものの理想的なかたちである——このように断定するのはよろしくない。

だが、親や世間からの隔離を前提としている現代の小学校に勝《まさ》る点が多かった

消防署の役目を果たすため、まといも置かれていた

ことはいっておきたい。

小学校の改名

明治五年に政府は学制を発布した。

全国を八大学区にわけ、一大学区に三十二中学区、一中学区に二一〇小学区を設けることとし、一小学区は人口六百人を基準とした。

政府の学制に京都の番組小学校の制度を合わせてゆくわけだが、当然ながら、さまざまの支障がおこった。小学校の組織を政府の指導基準に合わせると、番組小学校の設立と運営の主体であった町組の編成替えにまで影響がおよぶ。これが大変なことであった。

上京第〇〇番組小学校といっていた名称が、真っ先に変更を余儀なくされた。校名の変更には二種類があった。地区の名をつけるものと、『論語』などの古典から成語をえらんで命名するやりかたである。

上京第五番組小学校は西陣小学校となったが、これはもちろん西陣織の町の真ん中にあったからだ。上京第二十八番組と二十九番組は協立の小学校をたてたのだが、これはまず梨樹《なしのき》小学校となった。ちかくに、三条家の跡地にたった梨木神社があったからだ。まもなく京極《きょうごく》小学校と名称が変更された。平安京の東京極《ひがしきょうごく》大路に正門が面していたからだ。

下京第三十三番組小学校は八坂《やさか》小学校となった。ちかくに八坂神社があるからだが、まもなく「八坂」を「弥栄」の字に変えた。

下京第三番組小学校は明倫小学校となったが、これは心学講舎の明倫館の敷地をひきついだからである。明倫《めいりん》とは『孟子』で「人倫を明らかにすること」の意味であり、中国では孔子の廟《びょう》のそばにつくった学校を明倫堂と呼んでいた。

京都の小学校区イコール行政区

番組小学校の設立と運営の主体の町組は、同時に京都府の行政区としての役割もはたしていた。

政府の学制による小学校区と京都の町組とは性質が異なるから、政府は学制に従うように指導した。しかし、京都府はやんわりと拒否した。小学校区イコール行政区とする体制を堅持したのである。京都に市政が敷かれてからも、小学校区イコール行政区の体制は維持された。

ガック――学区という言葉にこめられる京都市民の愛着は強烈なものがあった。教育と行政が一体のものとして機能している、最小の世界といっていいものであった。

しかし、昭和十六年（一九四一）に制定された政府の国民学校令と、戦後の二十二年に実施された小学校通学区域再編成によって、京都の学区は教育行政の単位としての機能は失った。

小学校が町組から切り離されたのである。本能《ほんのう》小学校といえば下京第二番組の町組が設立したものだが、二十二年からは本能小学校の通学区――本能学区と二十二番組の町組とは縁のないものとなった。

しかし、住民の自治行政の区画としての学区の機能は失われなかった。下京区役所の行政は、本能小学校の学区を無視しては機能しえないのである。

こういう次第で、京都に独特の「元学区」という住民の自治単位がのこった。のこったというより、新しい市街化区域の通学区をふくむことで、かえって拡大されたともいえるのである。

京都の外からきて京都に住むと、いろいろと戸惑うことがある。「元〇〇学区」

という言い方もそのひとつで、要するに、町々の連合がかつての小学校の名称によって表記されるのである。

元本能学区——この名称の由来をたどってゆくと、明智光秀による織田信長の暗殺はもちろん、それをさらにのりこえ、日隆《にちりゅう》上人が油小路高倉に本能寺をたてた十五世紀のはじめに遡行《そこう》するのだ。

小学校の卒業生が、母校にさまざまの宝物を贈呈する。京都にかぎったことではないのだが、京都では、京都の小学校を卒業したあと、芸術家として世に立つひとが非常に多いのである。

だれが誘導した、というものではないはずだが、京都の小学校には卒業生の芸術家からおびただしい数の自作作品が寄贈されたのである。

それぞれの小学校の自慢の所蔵品となっているが、京都市学校歴史博物館が名画名品の一覧表をつくり、時宜《じぎ》をえらんで一部が公開されることがある。

たとえば、平成十五年から十六年にかけての一ヵ月あまり、山口華楊《やまぐちかよう》の「凝視」、安井曾太郎《やすいそうたろう》の「カーネーション」、河井寛次郎《かわいかんじろう》の「流文描鉢」といった数々が一斉に公開展示された。この章の冒頭で「思わぬ眼福」といったのはこのことなのだ。

二章

日本最初の博覧会は、なぜ京都で開かれたのか

——「東京には負けたくない！」京都人の意気込み

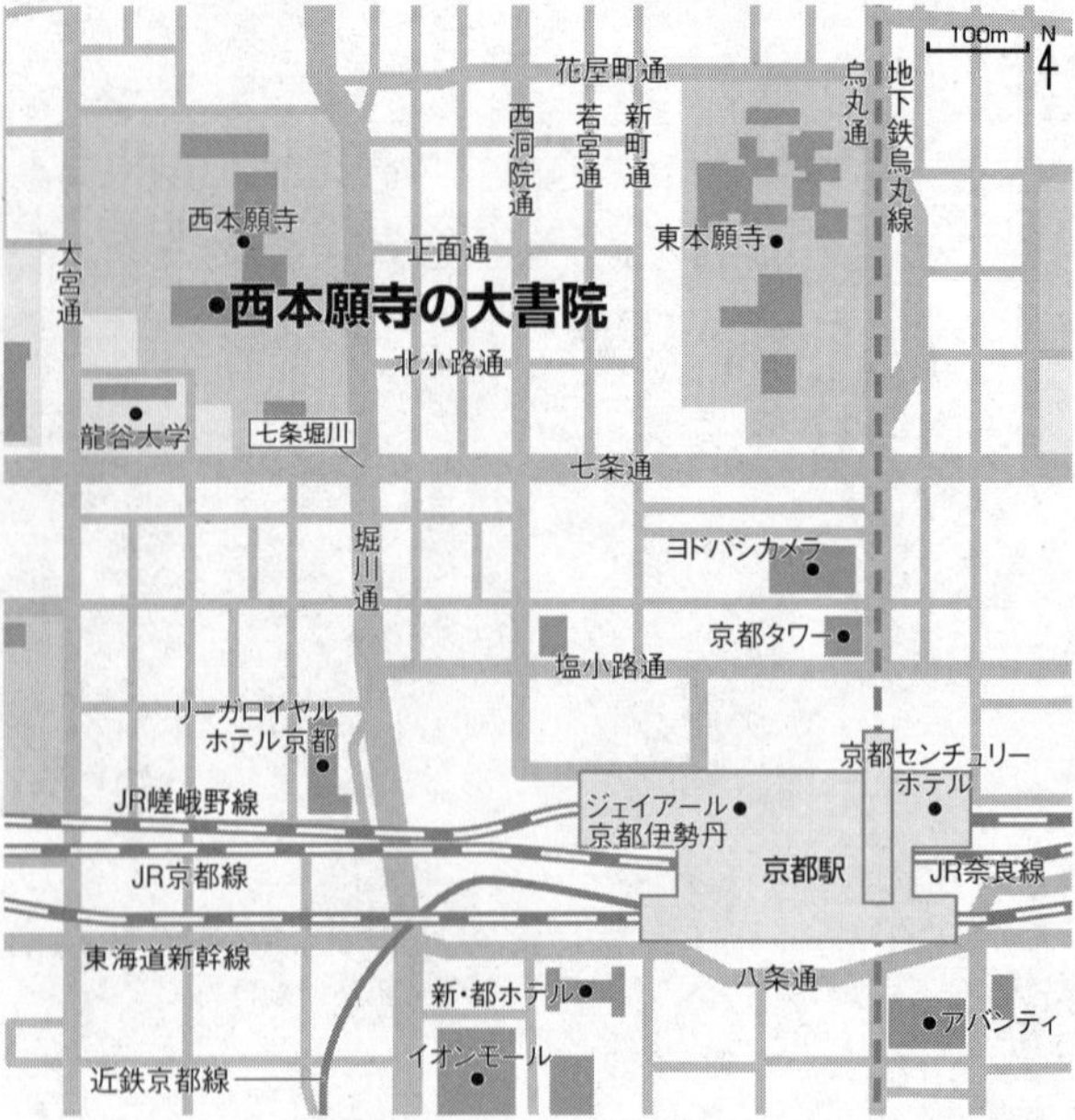
100m
N
花屋町通
西洞院通
若宮通
新町通
烏丸通
地下鉄烏丸線
西本願寺
東本願寺
大宮通
正面通
西本願寺の大書院
北小路通
龍谷大学
七条堀川
七条通
堀川通
ヨドバシカメラ
京都タワー
塩小路通
リーガロイヤルホテル京都
京都センチュリーホテル
JR嵯峨野線
ジェイアール京都伊勢丹
JR京都線
京都駅
JR奈良線
東海道新幹線
八条通
新・都ホテル
アバンティ
イオンモール
近鉄京都線

京都観光の主流は〝博覧会見物〟だった

「ちょっと、京都へ……」

「おや。博覧会ですな。うらやましい！」

明治五年（一八七二）のころ、京都へゆくといえば、それは博覧会見物と相場がきまっていた。

ただの名所旧跡なら見飽きたが、博覧会があるそうだから行ってみるか、時間があまったら名所旧跡も悪くはない——そういう感じである。

慶応義塾の創立者、評論界の大物の福沢諭吉《ふくざわゆきち》も、明治五年に東京から京都へきた。

福沢諭吉といえば、「開化」とか「ハイカラ」を絵にかいたようなひと、博覧会はもちろん「開化」「ハイカラ」そのものみたいなものだ、てっきり博覧会見物かと思うと、これが然《さ》にあらず、

「名所旧跡をおとずれる暇はありません。といって、博覧会の見物もわたくしの上京の目的ではないのです」（『京都学校之記』意訳）

福沢諭吉にとって博覧会より、もっと「ハイカラ」で「開化」であるもの、それは京都の小学校なのであった。明治二年、京都に番組小学校が誕生するいきさつについては二章をお読みになっていただきたい。日本が文明国の道をすすもうというなら、学校の設立は必須、不可欠だと福沢は力説していた。京都に小学校が誕生したのは知っているが、おとずれるチャンスがなかった。

いま、ようやく時を得て京都へゆくことになった。名所旧跡なんか観たくもない、ただいま評判の博覧会も二の次である。

——わたしが京都で観たいのは、ただひとつ、それは小学校！

世間の関心と興味の基準が博覧会にあるのを知りつつ、「そんなものは観たくもない！」と突っぱね、小学校のほうが大切なのだよと世間の関心をひっぱってゆく。そのあたりがいかにもハイカラで文明開化の権化《ごんげ》の福沢諭吉である。

さすがは福沢諭吉だ。普通の人間の関心とはレベルがちがう。それを確認しておいて、ここではまず、その博覧会なるものの実際を知っておこう。

パリ万博参加が与えた影響

多人数をあつめ、珍しい物を展覧する――このような企画は、日本では薬品会としておこなわれていた。京都の津島如蘭《つしまじょらん》というひとが十八世紀のなかごろにこころみたのが最初だといわれ、ややおくれて田村藍水《たむららんすい》と平賀源内《ひらがげんない》が宝暦七年（一七五七）江戸で薬品会をひらいた。（吉田光邦『万国博覧会』（改訂版））

藍水と源内はその後もたびたび薬品会をひらき、あつまった珍品をえらび、解説文と絵図をつけて一冊の書物に仕立てることもあった。本草《ほんぞう》会といわれることもあった。

薬品会とは別に、珍奇な動植物が展覧されて人気をよぶこともあった。長崎に輸入されたラクダは多くのひとの注目をあびて江戸まではこばれ、江戸で大人気をあつめた。いまならば「マジックショー」ともいうべき見物《みせもの》もあったし、平賀源内はパチパチと静電気の火花が散るエレキテルを展示して評判をとったこともある。

珍しいものごとなら、なにをおいても飛んで観にゆくという気風が日本人に強かったのはたしかなことだ。だから、慶応三年（一八六七）にフランスのパリでひらかれる万国博覧会に参加、出品しないかと誘われたときにも、さほどの抵抗はなかった。

パリ万博へ参加する準備がすすむうち、はじめは気がつかなかったいくつかの問題点が浮上してきた。参加する国々が自国の文明度を誇示する場であるということ、進んだ国々が教え、遅れた国々がまなぶ相互の関係がきずかれること、主催国と参加国との相違を問わず、政府が大いにちからを入れるということ、この三点である。

いいかえると、文明を進めたい衝動にかられている国々はちからを尽くして参加しようとし、文明進歩に関心がない国は参加しようとも思わないし、参加によって得られるものもすくない。

日本の徳川幕府は大いに進歩しようと欲していたから、フランス公使のレオン・ロッシェから誘われると、即諾した。幕府は諸方によびかけ、パリ博への参加出品を促《うなが》した。

薩摩《さつま》藩も佐賀藩も参加した。あとになってみれば、ということになるが、薩摩と佐賀の参加が、明治五年からはじまる京都博覧会にすくなからぬ影響をおよぼしているように思われる。

薩摩が参加するのを幕府は知っていた。幕府が参加を奨励したのだから、薩摩の参加そのものに問題はないのである。

だが、薩摩のちからの入れ方は半端なものではなかった。「琉球《りゆうきゆう》諸島王松平《まつだいら》修理大夫《しゆりだゆう》」の名義で、幕府とは別に薩摩コーナーをひらいていた。薩摩コーナーには島津家の「○《まる》に十の字」の旗印をかかげ、博覧会の開会式では代表の岩下方平《いわしたまさひら》が「琉球国王使節」の肩書で席を占めた。「薩摩琉球国」の名を刻んだメダルを造っておいて、外国の博覧会関係者に、だれかれなしに配っていた。

――琉球王国は独立国である。琉球王国の国王は島津家であり、徳川幕府とはぜんぜん関係がない！

ということを、幕府の先手をうって大いに宣伝していたのだ。

幕府からは徳川慶喜《よしのぶ》の弟の昭武《あきたけ》が正式な代表として参列する。昭武一行は、慶喜からフランス皇帝ナポレオン三世に贈られる土産をもってパリに到着したが、そこで見せつけられたのは薩摩藩の独立国としての振る舞いであった。

幕府としては許せるものではないが、事態は幕府関係者の予想を超えたところに進んでいた。はっきりいって、手遅れなのだ。

薩摩は自信を得た。

それとともに、万国博覧会が発揮する、文明というかたちの政治力に圧倒された。政治のかたちをしたものだけが政治ではない、蒸気機関やガラス製品、陶磁器などのかたちの政治もあるのだ。

政府を出し抜いておこなわれた京都の博覧会

福沢諭吉の『西洋事情 初編』が刊行されて大いに読まれ、読者が文明開化の衝動をよびさまされたのは慶応二年、パリ万博の前年である。

『西洋事情 初編』で福沢が小学校と博覧会の必要を力説し、称賛しているのは京都の町の有力者のあいだでも話題になっていた。

――わしらも、やりましょう!

小学校と博覧会――京都の有力者のあいだの文明開化のテーマになっていた。小学校も博覧会も、名前と内容についておおまかな知識があるだけで、日本の、どこにも、実物の影も形もない。だから、「やりましょう」という掛け声は参加ではなくて、小学校をたてよう、博覧会を主催しようという主体的なものになる。

手近なところに実物の見本がない。手さぐりで一歩からやるほかないのだが、やれば、かならず日本最初の経験になるのがわかっている。それが励みだ。

いや、見本がなかったというと間違いになるかもしれない。明治四年の五月、東京の九段《くだん》の招魂社《しょうこんしゃ》（現靖国神社）の境内《けいだい》で物産会という名称の会がひらかれたのだ。期間は一週間、主催は大学南校の物産局、つまり官営である。経費は百円であった。（石井研堂《いしいけんどう》『明治事物起原』）

この年の七月、文部省が設置され、大学南校を所轄とした。文部省は旧幕府の湯島《ゆしま》の聖堂の大成殿《たいせいでん》を博物局として、十月に大成殿で博覧会をひらく計画をたてた。招魂社の物産会は大成殿の博覧会の予備的な企画であったのかもしれない。

だが、十月開催の予定は実現されなかった。

博物局の職員の神田孝平《かんだたかひら》、文部省大丞《だいじょう》の町田久成《まちだひさなり》など、博物に興味のある面々があらためて計画をねりなおし、翌明治五年の三月、大成殿で博覧会をひらく計画をたてた。文部省の許可がおり、出品の勧誘、拝見人の心得などを書いたパンフレットを二千部つくって配布した。ここではじめて「博覧会」の名称がつかわれたのである。

「博覧会の趣旨は、天然人工の別なく、宇内《うだい》の産物を蒐集《しゅうしゅう》してその名称を正し、人の知見を広むるにあり」

品物は出品者みずから搬入する、品物の受領証書を交付する、持主の望みにより博物局に永久に預ける品物もうけつけ、持主が必要とする場合はいつでも引き渡す証書を交付する、期間は二十日間、拝見人は男女を問わず一日に約千人、切手（入場券）は文部省が各地の書林（現在の書店）で一人一枚ずつ交付する——といったことが広告された。「官」の色彩が濃厚なパンフレットである。

三月十日の開会をめざして準備がすすんでいたが、それより五ヵ月はやく、京都で博覧会がひらかれた。『明治事物起原』の著者の石井研堂は「出し抜き」と表現している。京都に東京を「出し抜く」つもりがあったのかどうかはわからないが、京都の意気込みが東京を凌駕《りょうが》する勢いであったといって過言ではない。

「成功」と評価しなかった理由

京都の博覧会を立案し、実現したのはつぎの三名である。『京都博覧会沿革誌』では「会主」と書かれている。

西本願寺の唐門《からもん》

博覧会の会場となった大書院

三井《みつい》八郎《はちろう》右衛《え》門高福《もんたかよし》――豪商の越後屋三井家の第八代、明治五年には第一国立銀行を創立する。

小野善助《おのぜんすけ》――金融商小野組の第八代。幕府の為替御用達《かわせごようたし》をつとめ、維新政府の為替方となった。

熊谷久右衛門直孝《くまがいきゆうえもんなおたか》――香と文具を商う鳩居堂《きゆうきよどう》の主人であり、維新政変では倒幕派に味方した。京都に番組小学校をひらく運動のリーダーでもあった。(38ページ)

博覧会の会場は西本願寺の大書院、会期は明治四年十月十日から十一月十一日までの一ヵ月、晴雨にかかわらず展覧がある。

「博覧会社中」の名義で参加をよびかけたパンフレットがある。

まず、博覧会の意義と目的が説かれる。

「西洋諸国に博覧会とて、新発明の機械、古代の器物等を普《あまね》く諸人に見せ、智識を開かせ、新機器を造り、専売の利を得さしむる良法に倣《なら》い、一会を張らんと御庁に願いたてまつり、和漢古器を書院に陳列し、広く貴覧に供せんことを思う」

そのあとに出品参加、観覧入来を誘う文章がつづく。

「それ、宇宙の広き、古今の遠き、機器珍品その数幾何《いくばく》なるを知らず。幸いに諸君一覧あらば、智識を開き、かならずや目を悦《よろこ》ばせ、その益すこぶる広大なり。ゆえに大人幼童ともに、幾度も来観を希《ねが》うのみ」

東京の物産会のよびかけに濃厚であった官臭は抑えられ、「諸君」とよびかける調子はまさに文明開化的、庶民的である。新機器を造って「専売の利」を得る手段としてほしいと、商業の利益を率直に強調しているのも頼もしい。

出品にたいしては受領証を交付し、薄謝を支払う、会期中は京都府によって厳重に警備するから破損や盗難のおそれはないと公約したあと、「数品を出してこの会を助けたまえ」と訴えた。

一度や二度ではなく、幾度も来場してほしいと訴える気持ちは「通り券」を一枚一朱（一両の十六分の一）で売り出し、「町々」で買ってほしいと訴えたところにあらわれている。ここで「町々」といっているのは町組の会所、すなわち番組小学校のことだ。京都の番組小学校は発足して三年、町組のセンターとしての機能を充分に発揮している。京都のひとなら知らないはずはないから、「町々」とだけ書いて、くわしい説明はしない。

一回かぎりの入場者——これを「臨時客」とよんだ——や、京都の外からの来館者には当日券を会場で買ってもらう。

出品件数は日本製品が百六十六件、清国製が百三十一件、西洋製三十九件、総計三百三十六件、来観者総数は一万一千二百人だった。ほかに、二朱の特別料金を払って出品物を「特殊熟覧」したひとが二百四十四人いた。手で触る、箱の蓋《ふた》をあけて内を観る、動く物は動かしてみる、といったことを許されたのが「特殊熟覧」だろう。

収入は七百三十一両三朱、経費の四百六十四両二分二朱をひくと二百六十六両二分一朱の利益があがった。

成功したといってさしつかえないのだが、明治三十六年に編纂《へんさん》された『京都博覧会沿革誌』は、明治四年の博覧会を「成功」とは評価しなかった。

「しかれども、このとき陳列するもの、ことごとく、みな古物にとどまりて、骨《こっ》董《とう》会の感なきにあらず。ゆえに創立の名を存して本会の回数を算せざるものなり」

三人の会主をはじめ、関係者一同は満足できなかったのである。明治五年、六年とつづいてひらかれる京都博覧会の盛況を経験するにつけても、明治四年の博覧会を京都博覧会の第一回とよぶには躊躇《ちゅうちょ》せざるをえない気持ちがあったのだ。

明治四年に東京の招魂社の境内でひらかれた物産会に先を越された、二回目は博覧会と名をあらため、湯島聖堂の大成殿でひらかれるそうだ。

――東京には負けたくない！

この意地が「明治四年の京都博覧会は回数にかぞえない」と決意させた。そして、翌明治五年を第一回とする、一年一度の博覧会をひらくことと、博覧会を主催する会社をつくる態勢とをかためさせた。

外国人が見物できない博覧会なんて

京都博覧会会社を設立する案は京都府知事の長谷《ながたに》信篤によって承認された。京都府から典事の西尾為忠や権大属の明石博高《あかしひろあきら》など職員十五人が博覧会御用掛に任命され、株主になる。民間からは三井・熊谷・小野の三会主、町組の大年寄、御用達、物産引立御用掛がえらばれて株主になったほか、茶道家元の千宗左《せんのそうさ》、千宗室《そうしつ》、千宗守《そうしゅ》、藪内紹智《やぶのうちじょうち》が補助出勤の立場で株主になった。株主の総数は三十四人である。

博覧会会社の設立を広告し、博覧会への参加出品を促す明治四年十二月づけの京都府の布達には、つぎのような言葉が躍《おど》っている。

「京都でもさきごろ、有志者が博覧会をひらいたが、期日が短かったからその趣旨を尽くすことができなかった」

「来春、さらに規模を拡大して開催したいとの出願があったので、これを許し、会場の警固のため府から人数を派遣することにしたから、危険を思いわずらうことなく、名物奇器や妙品を提出してもらいたい」

準備をすすめるうち、外国人の処遇が問題になった。このころ、外国人は開港場から十里（約四十キロ）以上の遠隔地には、格別の許可のないかぎりは旅行できなかった。京都はもちろん開港場ではないから、外国人の博覧会見物は不可能である。

だが、外国人に観せない博覧会なんて博覧会の名に値しない。なんとしてでも外国人に観覧してほしいという願いは日に日に強くなり、ついに京都府を通じて政府にたいし、特別の許可を請願することになった。請願の文書に「人心を開化発明するための催しでありますから……」の一節があるのは、文明開化を政策の柱とする政府としては許可しないわけにはいかないでしょうと、いささか脅迫がましい見込みがあったからだ。

請願書には、一千部の「別紙刷り物」を添える、とも書いてある。請願が許可されるのをみこし、許可されたなら直ちに諸外国の公使と領事に配布してほしいと要請している。この「別紙刷り物」に書かれているのは京都府が独自にさだめた、博覧会開催期間のうちにだけ通用する「外国人入京規則」である。

「三月十日から五十日にわたり、外国人の入京縦覧を許可する」

「あらかじめ、大阪と兵庫の各国の領事に入京切手を配布しておく。領事は切手に（入京希望者の）国名、姓名、番号を記載し、押印して手交すべし。入京のあいだ、所々で切手の検査をもとめられれば、応じなければならない。検査を拒否する者、切手を所持しない者は通行をゆるされない」

「滞京中の遊歩は京都府の管轄区域の外ではゆるされない。府内はもちろん、入京の途中の遊猟発砲はゆるされない。諸人が入場を禁じられている場への入場はゆるされない」

「近江《おうみ》の琵琶《びわ》湖は京都府の管轄外だが、遊覧がゆるされる。ただし、東は彦根《ひこね》、南は草津《くさつ》、北は堅田《かたた》を限界とする」

「出品したい外国人はあらかじめ自国領事を通じて大阪、兵庫の（日本政府の）官庁に申し出て、指示をうけること。出品者は開会の一週間前からの入京をゆるし、閉会後一週間の滞京をゆるす」

外国人の取扱をしめした規則書だから当然とはいえるが、会期の期日が太陰暦と西暦の二様で併記されているのも興味をひかれる。「日本明治五年三月十日」は「西暦一八七二年第四月十七日」であると書いてあった。

外国人向け旅館で出された豪華なメニュー

外国人の入京、博覧会見物は政府によって許可された。だが、許可が出たあとで、つぎからつぎへと難題が浮上してくる。

入京切手は入京印鑑ともよばれた。入京規則をさだめたのは京都府だが、とりあつかうのは博覧会会社である。そこで、本来ならば京都府の公印を捺《お》すべきところに博覧会会社の判を捺して通用させるという、いささか規則違反に類することも生じた。入京切手は竪《たて》五寸（15センチ）、横四寸の洋紙でつくった葉書ほどの大形なものだ。

博覧会見物で入京する外国人のために京都府はポリスを設置し、日夜巡回させた。ポリスであることを証明するため、黒色の制服の両袖に「GUARD」のアルファベットを白抜きで染めた。

外国人の旅館をどうするか、これも重大な問題である。

「外国人の入京するあらば、これが待遇の方法を講じざるべからず。旅舎の設備なきときは、信を外国に失うべしとし……」

「海外諸客入京投宿手続書」なるものをつくって基準とした。

①神戸の東本町の為替会社と大坂川口の船上がり場の二ヵ所に博覧会会社が出張所をもうけ、係員を配置する。外国人がやってきたとわかったら、国名と姓名、入京予定の期日をたしかめ、すばやく京都に通知し、旅館は接客の準備にかかる。

②神戸と大坂の出張所には旗をたてて目印とする。旗の四辺は紅色、地は白色、「Committee of Kyoto Exhibition」を黒色で描く。

③京都への入口三ヵ所にも旗をたてておいて、外国人が名乗れば京都市内の旅館に案内する。伏見京極の亀甲屋善兵衛、淀小橋北詰の宇野伊策、向日町《むこうまち》の大鳥居前の津国屋平左衛門。

④旅館は知恩院《ちおんいん》の境内に設営され、ここにも旗をたてておく。外国の公使や貴族

の宿舎は知恩院のなかに五ヵ所、外国人客の相対宿はおなじく知恩院、円山《まるやま》、下河原一帯に十九ヵ所が用意される。

⑤宿泊料は上・中・下の三クラスに分かれている。客は宿と契約して泊まっていただきたい。外国人の客扱いに慣れない宿主ゆえ、客の意に適《かな》わないことがあるのを恐懼《きょうく》している。どんなことでもお客さまに質問し、正直に接待せよと命じているが、雑踏のなか、もしも不行届きがあれば、どうかゆるしていただきたい。

「ゆるしていただきたい」の原文は「恕《ゆる》したまへ」であるが、これを卑屈な姿勢というのは当たらない。外国人入京禁止の厚い壁が博覧会社の奮闘によって、ついに取り除かれたのだ。その誇りに胸をはって、「恕したまへ」といっている。和文と洋文が併記された旅館案内書が木版で印刷され、配布された。上等は一人一日につき、食事と宿泊で四円である。上等の食事のメニューが記載されている。

朝　コーヒー　棒砂糖　乳　パン

昼　パン　魚　鶏卵　羊のステーキ　兎のシチュー　唐芋　精物二色　菓子三色　果物二色　コーヒー　棒砂糖

夜　パン　ソップ　雛《ひな》のチョプ　魚のサラッド　豚のロースト　精物二色　菓子三色　果物二色　コーヒー　棒砂糖

飲物（酒）の代金は別途いただきますと断わって、上等と中等のシャンベーン、上中のブドウ酒、ビール、シェリーなどの名が出ている。献立は毎日組み替えますと予告された。

明治初期の消費物価がどのレベルであったかというと、四年の慶応義塾の授業料が十八円、元年のソバ一杯、モリもカケも五厘、入浴料は五年が一銭五厘、おなじく五年の東京の銀座の土地が一坪五円ということになっている。（週刊朝日『値段の明治・大正・昭和風俗史』）

銀座の土地一坪が五円だったとき、京都博覧会の外国人専用の旅館の宿泊料が食事こみの上等で四円——安いのか高いのか、簡単には比較できないが、安くはないとだけはいえそうだ。

キョウトは西洋人になじみのない地名だった

西本願寺の対面所・白書院・黒書院、建仁寺《けんにんじ》の方丈、知恩院の大方丈と小方丈の六ヵ所が会場にあてられた。本願寺は草木や玉石の部として穀物や種物、薬品、煙草、細工物、錦絵、人形、生蠟《きろう》など、建仁寺は飲食物、新古の器物、金銀の細工など、そして知恩院は呉服や武具、紙や皮革、海産の干物などというように、展示はおおまかに分類された。

知恩院における武具の展示の光景が「イラストレイテッド・ロンドン・ニュース日本通信」の特派記者チャールズ・ワーグマンによって絵入りの記事となり、「日本の博覧会」のタイトルで掲載された。

ワーグマンの絵入り記事に、「イラストレイテッド・ロンドン・ニュース日本通信」の編集者による解説が付いている。博覧会のひらかれた京都という土地についての説明がおもしろく、見逃せない。（金井　圓編訳）

「この地名（京都）は、本紙の読者の多くにとって耳新しいことであろうし、あるいはどの地図にも見つからないかも知れない。それは、ニフォン島にあって、

見物客でにぎわう博覧会会場（第４回内国勧業博覧会）

以前はミアコと呼ばれた大都市なのである。日本語でミアコとは首都のことであり、かつてミカドの住居地であったころ、その名が、この土地に与えられたものである」

ナガサキ、ハコダテ、ヒョウゴ、ヨコハマそしてエド、トウキョウは西洋人に親しみのある地名だが、キョウトはそうではなかったのだ。

「皇帝陛下は……このほどその宮廷を江戸すなわち東の首都に移したのであり、そしてミアコと呼びならわされていた町は、今後京都もしくはサイ・キョウ、すなわち西の京として知られるのである」

東京にたいする西京――この名称には明治の初期の京都人の哀切の想いがこめられている。

――そちらが東の京ならば、こちらは西の京である。京としての歴史はこちらのほうが古いのであり、したがって正統なのだ！

事実にはちがいないが、強調すればするほど東京との差が歴然としている事実に直面させられる。

京都は西の京である――この想いから一日もはやく脱却すべきであった。勇気は要《い》るけれども、賢明なのだ。そして脱却のためのちからをあたえてくれるのが京都博覧会であった。「イラストレイテッド・ロンドン・ニュース日本通信」の解説記事は、そのことに気づかせてくれる。

解説記事のあとに、ワーグマンのスケッチと記事がつづく。

「私が送るスケッチはさながら日本の歴史のようなものである。鎧《よろい》の後方にある白い幕には、つい最近の革命まで日本の事実上の支配者であり、ヨーロッパではタイクンとして知られていた徳川家の家紋がついている」

お寺の建物の部屋に敷物が敷かれ、通路となっている。通路のうえを、見物人が靴や下駄、草履をはいたまま歩いている。佛教の施設としてはありえない経験を、博覧会がはじめて提供した。

葵《あおい》の紋の幕を背にした甲冑《かっちゅう》の展示をまえにして、二名の日本人がむきあっている。ひとりは熊谷直孝だと、スケッチの筆者のワーグマンが書いている。白く長いヒゲを胸にまで垂らし、西洋ふうの断髪、洋服を着ている。文化十四年（一八一七）生まれの熊谷は明治五年には五十六歳になっていた。

「こうして、読者は、一枚のスケッチに日本の過去と現在と未来を見ることができる。私がとり立てて説明する必要はまったくなかろうし、誰しも、自分自身の判断を引き出してもらえばそれでよい」

博覧会人気をあおるためのオプションも

第一回の京都博覧会は成功した。

出品者（個人、組合）は千二十三人、点数は二千四百八十五点。五十日の予定が延期されて八十日となり、さらに「付博覧会」という名のオプション行事をふくめての総入場者は三万九千四百人にのぼった。

外国人は七百七十人である。とくにイギリス領事館は独自の規則をつくってトラブルにそなえてくれた。京都博覧会見物の切手を請求するイギリス人に二百ドルを強制預金させ、もしも博覧会で乱暴をして器物を破損した場合には、領事館が預金のうちから弁償するというのである。「もって京都に煩労《はんろう》を遺《のこ》すことなからむを欲し」たというのが博覧会協会の解釈であった。

付博覧会は府の参事の槇村正直が主となって企画したもので、博覧会人気をあおるための娯楽企画である。

①茶会――先春社なる同人組織が知恩院の山門の楼上に煎茶《せんちゃ》の席をもうけ、一朱

の茶券を買って楼にのぼったひとに煎茶を供した。瑞草社の同人は建仁寺の境外塔頭の正伝院に抹茶席《まっちゃせき》をもうけ、茶を供した。

②都踊――「某学士」が作詞したという「都踊十二調」に井上流の片山春子が振付をした。「某学士」とは槇村参事だという説もある。祇園新地の新橋松屋を会場として、舞妓二百三十四人と囃方《はやしかた》百四十人をそれぞれ七組にわけ、一日に五回ずつ演舞した。現代にまでつづく「都踊」のはじまりである。

③東山名所踊――八坂《やさか》の下河原の通称「山根子《やまねこ》」芸妓が安井門前の平野屋を会場として演舞した。祇園新地に勝るとも劣らない演舞はなかなかの人気だった。宮川町や巽《たつみ》新地の花街でも演舞の席をもうけた。

④花火――下京区第三番組の井上藤四郎など有志が四月一日、下鴨《しもがも》の河原で花火をあげた。両岸の桟敷《さじき》は見物人で埋まり、大成功をおさめた。

⑤能楽――安井神社（安井金比羅）の舞台で、四月二日から十五日間、能楽がおこなわれた。戊辰《ぼしん》の戦争このかた、能楽の衰退ははなはだしく、絶えてしまうかとさえおそれられていたが、この興行によって復活のきざしがみえた。

博覧会会場として御所を公開

博覧会の入場料の総額は四千三百八十一両一朱五銭三厘五毛であった。博覧会会社と京都府のあいだには、収入のうちから幾分の金額を冥加金として上納する約束がかわしてあった。

六月二十五日づけで、会社から府にあてて総収入の二十分の一、二百十九両五銭五厘八毛が上納された。

即日、府から会社へ、同金額が下げ渡しになった。書面の裏に「博覧会の儀は人知開明のためにあいなる奇特のことにつき、冥加金の儀は直にその社へ下げ渡し候こと」と書かれていた。

第一回の博覧会がおわらないうちから、会社は常設博覧会の設置を企画し、ついに実現させた。西本願寺の書院を仮設の博覧館として、六月から十二月まで常設博覧会をひらいた。来館者は四万人をこえ、またまた成功した。

明治六年の第二回からは会場を京都御所に移し、仙洞《せんとう》御所の庭園も公開されて禽獣《きんじゆう》会がひらかれた。皇族と貴族のほかは塀の外からうかがうほかなかった御

都踊《みやこおどり》は、博覧会人気をあおる娯楽企画だった

所のなかが、博覧会会場となることで、はじめて庶民に公開された、その意義は大きい。博覧会という名の強さは、こうしたかたちによっても認識されていったのである。

第二回博覧会の会期は延長され、来観者は四十万人をこえた。博覧会の毎年の開催が当然のように思われてきた。博覧会会社は明治八年、百三条におよぶ規則をまとめ、永続を図った。

明治十一年には桂《かつら》離宮の拝観が許可された。博覧会の入場券は桂離宮拝観にも通用した。十二年には修学院《しゅがくいん》離宮の御茶屋が公開された。

十四年、御所は保存を基本とする政策がかたまった。大宮御所はとりこわされ、御所の博覧会会社への貸与がゆるされないことになった。

博覧会会社は御苑のうちに敷地を借り、会場施設を新築することを決め、費用は市民から募金する計画を立てた。募金といっても、それぞれの町組を窓口として、五年間にわたって予定額をあつめる、なかば強制の募金である。

堺町御門の東、二万坪の敷地に八百八十六坪の回廊型の建物が完成した。全体の設計はワグネル博士が担当した。

明治十八年の第十四回を最後に、京都博覧会の名称を廃止した。以後は、「新古美術会」というように、固有の名称をつけることになる。

明治三十年には、岡崎《おかざき》に博覧会館が新設され、開設二十五周年記念の博覧会がひらかれた。

大正三年（一九一四）に岡崎に京都市の勧業館がたてられ、博覧会は勧業館を会場とすることになった。

大正十二年（一九二三）、昭和天皇の成婚奉祝と万国博参加五十年を記念する博覧会が東京でひらかれることになった。だが、十二年九月の関東大震災のために東京での開催が不可能になったので京都市がひきつぎ、大正十三年三月から五月まで京都の岡崎でひらかれた。

巨大な発電機が展示され、第一回の内国勧業博覧会では動力がほとんど水車動力であったのを記憶する観覧者は、時代の変遷の重い意味を知らされたのであった。

この博覧会は予想以上の盛況を呈したのだが、じつは、この博覧会が明治・大正・昭和の三代を通じての最後の京都の博覧会になった。

政府や府県の権威による勧業政策の推進、それが博覧会の目的であったのだが、大正のおわりともなれば総花《そうばな》的な目的は達成されたのである。いまや資本主義経済は日本の土壌に根をおろし、細分化された分野の課題を、それぞれの方法によって追求する時代になっていた。

四章

京都の文明開化の柱・琵《び》琶《わ》湖《こ》疏《そ》水《すい》

——水力発電はいかにして成功したか

100m
N
野球場
白河院跡
南禅寺道
二条通
京都市
京セラ美術館
京都市動物園
琵琶湖疏水
琵琶湖疏水記念館
仁王門通
無鄰菴
南禅寺前
南禅会館
岡崎通
国際交流会館
金地院
蹴上インクライン
三条広道
郵便局
地下鉄東西線
三条通
白川小学校
良恩寺
ウェスティン
都ホテル京都
鍛冶神社
粟田神社
蹴上駅
青蓮院
水質管理センター

明治になって出現した〝直線〟インクライン

京都の景観の特長はなにか？

ひとつに限定するのはむずかしいが、あえていえば、直線だ。

自然には直線というものがない。直線の典型のように思われているカミナリの光線も雄大なジグザグ曲線をえがいて、突進する。

直線は人工的なものの典型である。京都――平安京――は桓武《かんむ》天皇によって設計された都市だから、四辺も道路もすべて直線だ。

直線は意志である。新しい都をつくろうという強烈な意志が直線になった。

直線でなければならない理由はあったのかと質問されると桓武天皇は困惑するかもしれないが、ともかくも京都は直線の直角交差を基本としてできあがった。

強権をしめすものとしては曲線よりは直線がふさわしい、といったあたりが意識されない衝動であったのかもしれない。

曲線が本来の地面に直線を通すのは容易なことではない。平安京のあと、これといった大規模な直線工事はなかったが、明治になって、ものすごい直線が出現した。蹴上《けあげ》のインクラインである。

インクライン——ただしい英語をつかうならばinclined planeと書いて傾斜軌道と訳すのがいいわけだが、京都ではインクラインと略すのがふつうだ。「インクラインのお花見、行きませんか」「インクラインは、花より人間のほうが多くて」という具合で、すぐに通じる。

蹴上から南禅寺《なんぜんじ》のまえの舟溜《ふなだまり》までの五八二メートルを、十五分の一の勾配《こうばい》で一直線にくだる。四本の鉄のレールと、レールを上下した台車が形態保存されている。

直線の坂道に汽車や電車のレールを敷いたものに似ている——こういってまちがいではないが、となると、長さが五八二メートルしかないのは異常といわねばならない。鉄道のレールとしては十五分の一の勾配は異常というよりは、ありえない急勾配である。つまりこれはふつうの鉄道のレールではない。

だがしかし、昭和のはじめまでは、レールのうえを、舟をのせた台車が上へ、下へと動いていた。舟には貨物が積んである。貨物を運送するのがインクラインの目的である。鉄のレール、レールの上を斜めに上下する台車、台車に乗っている舟はすべて貨物運送の手段である。

インクラインには今もレールが残っている

汽車や電車の車輛の台車と基本的にはおなじものだ。だから、こだわった言い方をやめて、

――インクラインを車輛が走っていた。

こういってまちがいではないのではないかという気もする。ふつうの鉄道の車輛が舟をのせて走らないわけでもないのだから。

工事の規模としては桓武天皇の平安京造営のほうが、ずっと巨大である。九条から一条まで朱雀《すざく》大路をまっすぐに通し、南北と東西に何本もの直線道路をまじわらせた工事はものすごい。

だが、見下ろし、または、見上げるときのインクラインの圧倒的な感じは、平安京のそれに負けるものではない。

そして、インクラインが、じつは近江《おうみ》の琵琶湖《びわこ》の水を京都までひいてきた工事のほんの一部にすぎないと知れば、溜息をつかずにはいられない。

琵琶湖の水力発電でチンチン電車が走った

琵琶湖の水を京都までひいてくる工事、これを琵琶湖疏水《そすい》工事とよんだ。

琵琶湖と京都の水位には三十六メートルの差がある。琵琶湖からひいた水を三十六メートル下に落として発電機をまわし、電気を起こした。水力発電である。この電気を使って電車を走らせた。

――発車オーライ！

車掌さんがベルをチンチンと鳴らして合図したから、チンチン電車の名がついた――ということになっている。

電車というものが日本ではじめて営業運行されたのは京都である。明治二十八年（一八九五）二月のことだ。京都駅にちかい塩小路《しおこうじ》高倉《たかくら》から伏見《ふしみ》の下油掛《しもあぶらかけ》町までの六・五キロの狭軌レールを走った。二十六年に設立された京都電気鉄道という民間の企業が営業した。

世界で最初、ナニナニ第一号ということ自体に価値はない。こだわると、中身がおろそかになるおそれがある。

琵琶湖疏水にしても、疏水の水力をつかった発電にしても、日本で最初であることをめざしたわけではない。疏水工事をしなければならない必然性が確認され、工事をやろうという意志と努力がおこり、政治のちからと予算の工夫、計画の技術的な問題がクリアされて日本で最初の電車が走ったり、舟をのせた台車がインクラインを上下することになった。

日本で最初ということより、桓武天皇の遷都から一〇七五年ものながいあいだ天皇の都でありつづけた京都に、最新のレベルの工業デザインが姿をみせたこと、こちらのほうに注目すべきではなかろうか。

幕末に「琵琶湖疏水」が計画された理由は？

琵琶湖から水をひいて運河をひらく——京都や日本海の敦賀《つるが》ではありふれた発想であった。

発想はありふれているが、いざ実現となると、一歩もすすまない。これまたおなじみの事態であった。

敦賀から琵琶湖の塩津《しおつ》のあいだに運河をひらいて日本海の物資を湖上運送し、大津《おおつ》で陸揚げして京都にはこぶ——平清盛《たいらのきよもり》も豊臣秀吉《とよとみひでよし》もかんがえていたが、実現しないうちに死んでしまった。

さらに大津から京都へ運河をひらき、京都から大坂へ延長すれば日本海と瀬戸内海が水路で直結される。

河川を開削して水運をひらいたり、運河をひらく事業は実現されていた。桂川（大堰川《おおい》）を開削し、丹波《たんば》の物産を筏《いかだ》で京都にはこんだのは有名な角倉了以《すみのくらりょうい》である。了以はまた、鴨《かも》川の西に運河をひらき、鴨川の水をひきいれて京都から伏見のあいだに船便を通した。これが高瀬《たかせ》川である。

角倉了以の息子の与一《よいち》は琵琶湖の水を京都にひく運河の開削を計画し、幕府の学者の林羅山《はやしらざん》と実現めざして協議したといわれている。

その後はしばらく琵琶湖疏水の計画は絶えていたようだが、寛政から文政、天保年間にかけてかなり現実的な計画がもちあがった。工事開始にはいたらなかったが、逢坂《おうさか》山と東山にトンネルを掘って導水する計画は共通していた。

琵琶湖疏水はトンネル開削なしには一歩たりとも実現にちかづけない。いいかえれば、琵琶湖疏水の成否の鍵はトンネルを開削できるかどうかににぎられていた。

幕末の文久二年（一八六二）、豊後《ぶんご》の岡《おか》（竹田）藩主の中川久昭《なかがわひさあき》は朝廷によって京都守衛を命じられた。この時期の京都では尊皇攘夷《そんのうじょうい》派が優勢であり、かれらの主張の破約攘夷が口先だけのことではなく、実現されかねない緊張した空気が生じていた。

中川久昭は、いざ攘夷決行となったときの京都の安全と物資の搬入について考察した結果、大津と京都のあいだに通船のための水路を開削する必要があるとの結論に達し、朝廷に申請したのである。朝廷が許可すれば幕府に指示され、幕府が独自の予算で工事をおこなうか、でなければ、何人かの大名に共同工事を命じるはこびになる。

中川久昭のかんがえは、攘夷が決行されると大坂からの物資搬入が閉ざされる。琵琶湖ルートによる日本海の産物の搬入がないわけではないが、大坂ルートにくらべれば少量にとどまる。大坂ルートの閉鎖にそなえ、琵琶湖から京都への通船水路をひらいておけば、日本海物産の大量の搬入が可能になるという理論であった。

しかし、中川の計画は採用されなかった。

相模《さがみ》の生麦《なまむぎ》村でイギリス人が薩摩《さつま》藩の兵士に殺され、怒ったイギリスが海軍を大坂湾にのりいれて朝廷を威圧するかもしれぬ事態となった。朝廷は京都から大坂に通じる街道の山崎《やまざき》に防衛の砲台を建設することを優先し、琵琶湖疏水の工事には手をつけないことになったのだ。

港をもたないということ、これが首都としての京都の弱点である。大津ルート、大坂―伏見ルート、桂川ルートの主要三ルートによってかろうじて必需品を搬入しているが、ひとたび騒動がおこればたちまちにして経済封鎖の苦境におちいる。
中川久昭の琵琶湖疏水計画は日の目をみなかったけれども、京都の弱点を指摘した功績はのこる。明治二十三年（一八九〇）に開通する琵琶湖疏水も、じつは、港をもたない京都の弱点を克服しようという衝動からはじまったのだ。

琵琶湖の水を京都にひく――さまざまな計画

琵琶湖の水を京都にひく――さまざまな計画が出され、実現しないまま、消えていった。
文久三年――中川久昭の計画が却下された翌年――近江の大津町の年寄が連名して疏水計画をつくった。
京都町奉行所にさしだされた計画書によると、大津から百々川《どどがわ》をへて小関山の谷間を通り、藤尾川から隧道《ずいどう》（トンネル）で逢坂山をくぐって四宮《しのみや》にぬけ、御陵《みささぎ》から大日山《だいにち》の低地をぬけて南禅寺《なんぜんじ》の裏に出て、それから白川《しらかわ》に合流する疏水の計画である。

貨物の運送をさかんにし、運賃を安くすることで京都と大津の双方の利益になると計画書は強調していた。明治二十三年にはじまる疏水計画とだいたいおなじルートが提案されたのだが、うやむやの結果になったらしい。

明治五年、下京の吉本源之助ほかの町人から京都府あてに疏水計画が提出された。ルートは文久三年の大津町人の計画とおなじであったようだが、吉本らの計画では、工事を遂行するにあたって必要となる資金の調達、開通後の通船事業の収支見積もりについて、かなりつっこんだ計画ができあがっているのが特長だ。

一軒につき一名の市民の労力提供を要請し、労力を提供した市民には二朱を支払う。労力提供が困難な市民からは、逆に二朱の出金を要請する。

労力提供市民に支払う二朱は借用金でまかなうことになっているが、借用の集金事務は町組ごとに、町組の小学校を事務所としておこなうとしているところがユニークだ。

京都の小学校は単なる児童教育の機関ではなく、町組の自治の拠点としての機能をもたされていた。戦国時代、佛教の本山寺院が町の自治のセンターとなっていた歴史をふまえているわけだ。（二章を参照してください）

京都のちからで、京都の経済能力を高める――幕末のころから明治にかけて、この展望は間欠泉《かんけつせん》のように姿をみせていた。明治二十三年にはじまる疏水事業は、こうした経緯をふまえているのである。王政復古―明治維新の政治の激動は、こうした展望の熱気をたかめ、可能性を増強するのにつながった。

高瀬川とは異なる西高瀬川

疏水の計画は浮かんでは消え、また浮かんでは消える失敗の連続ばかりであったかのようにみえるが、そうとはいえなかった。

――実現は不可能と思っていたが、やってみれば、なんとかなるものだ！

市民に期待をもたせる事業があった、西高瀬川の開鑿《かいさく》である。

高瀬川と西高瀬川――混乱しないように説明しておいたほうがいいだろう。

京都の高瀬川ということでだれでも知っている高瀬川は京都市内、鴨川の西、河原町通の東を北から南にながれている。高瀬川と鴨川にはさまれ、夜になると賑《にぎ》わう繁華街が先斗町《ぽんとちょう》である。

高瀬川は鴨川の西をながれているので、西高瀬川とは高瀬川の別名なのかと思うひとがいるかもしれないが、そうではない。高瀬川と西高瀬川は別である。桂川（大堰川《おおいがわ》）から分水して流れる運河が西高瀬川なのだ。

嵐山《あらしやま》の渡月橋《とげつきょう》の上流で取水して千本通の三条まで東流し、四条から南流、紆余曲折して下鳥羽《しもとば》のあたりでまず鴨川にはいり、それから桂川にもどる。東の運河の高瀬川にたいして西の運河だから、西高瀬川という。

嵐山、嵯峨《さが》のあたりは農業がさかんであったが、灌漑《かんがい》用水には困難な事情があった。桂川の水位は低く、灌漑用水として使うのはむずかしかった。

堀川から水をひいたり、桂川のはるか上流から取水したりして、かろうじて農業用水を確保していた。あちらこちらに何本もの短水路の用水はあるが、筏《いかだ》によって荷物をはこぶに足る水量ではない。

西高瀬の運河をひらいて丹波の産物を市中にはこび入れたい——この衝動は文政七年（一八二四）には具体的な計画となっていた。何本もの短水路の農業用水を太い一本にまとめて運河にするという、じつに現実的な計画である。

この計画も一度は立ち消えになったのだが、幕末になって、よみがえったのである。

政治路線として誕生した運河・西高瀬川

　文久三年（一八六三）の京都は熱狂の頂点にあった。

　尊皇攘夷派が全盛をほこっていた。朝廷を牛耳《ぎゅうじ》り、天皇の名によって江戸の征夷大将軍はもちろん、諸大名にたいしても、「上京して朝廷を守護せよ」と命じていた。

　滞京する諸大名の物資が西から東から搬入されてくるが、鳥羽街道の車馬による運送が衰退したこともあって、物資搬入が途絶えがちであった。

　物資搬入に支障がおこるのは、朝廷や尊攘派の威厳にかかわることである。朝廷や尊攘派は物資搬入に支障がおこらないように策をほどこさなければならないはずだ――このように観測して、具体的な西高瀬川開鑿のプランがうまれたのだとかんがえられる。西高瀬川は、いうならば政治路線として誕生した運河の側面をもっていた。

　西高瀬川の完成を記念して描かれた「文久 癸亥《みずのとい》 西川通舩路《つうせん》新開図」という彩色の一枚絵がある。文久癸亥は文久三年、西川とは西高瀬川のことだ。詞書《ことば》きをよんでみよう。

「このたび、帝都四方の運送便利をひらきて万民を救助せんとの深き厚き思食《おぼしめし》により、大内《おおうち》より数千両の黄金をくだしたまはりて西川の高瀬、すみやかに成功なりしは実に例なき御事ども。花の都へ宝の入船《いりふね》、国々の米穀、炭、薪はさらなり、種々の産物に世の賑わいを積みそえて、その恵みをここに仰がんとあらましを描きて、ひろくもろびとに知らしむることとはなりぬ」

西高瀬川をひらく費用は「大内―朝廷」から支出されたと断言している。だが、これは事実のとおりではない。

このころの風聞書『慶弘紀聞《けいこうきぶん》』には「（朝廷が）幕府に勅して洛西から一筋の川を開かせて鳥羽に達し、西高瀬とよぶ……幕府は勅を奉じて天下に令し、おおいに京師水陸の運路をひらく」と書いてある。これが正しいのだが、朝廷が勅令を発しなければ幕府は資金を出さなかったにちがいないから、「大内―朝廷」が支出したと、いっていえないこともないわけだ。

勅命である、首を竦《すく》めるように承服するほかにないのだ――朝廷と尊攘派の勝利の宣言のひとつ、それが西高瀬川の開通であったといっておおげさではない。

大規模な土木工事と政治の関係、それは今も昔もおなじすがたをみせる。

嵐山の渡月橋で桂川から取水し、二条城まで流してから南へまげて下鳥羽で鴨川に、そして桂川に入れて淀《よど》川にながし、最終的には大坂湾に入れる。はじめのころは運河の幅が狭く、小型の筏しか通れなかったようだが、桂川と淀川が京都を媒介にして運河でつながった意義はおおきかった。

さて、西高瀬川の現況は、どういうことになっているか？

桂川の流れが渡月橋の左岸、上流の堰《せき》から分水されている。事情を知らないひとには〈見えてはいるが認識されない光景〉のひとつであろう。西高瀬川は現役の運河ではないけれども、取水口からしばらくのあいだは相当の量の水がながれ、活《い》き活きとした水辺の景観がひろがっている。

渡月橋から下流はしばらく暗渠《あんきよ》、それから瀬戸《せと》川の下をサイフォンでくぐり、三条通の南を東へながれる。大覚寺《だいかくじ》からながれてくる有栖《ありす》川との交差を、瀬戸川とおなじように魔法みたいなサイホンの仕組みでくぐりぬけ、東へ東へと延びてゆく。

かつては天神《てんじん》川の三条で天神川と合流し、さらに東へながれていた。だが、昭和十年の大水害のあと、洪水をおこさないように天神川を深く掘りさげたので西高瀬川のながれは分断されてしまい、天神川に注ぐことになった。

西高瀬川のながれは天神川でおわる。しかし水路はもっと延びていた。千本通の西を四条まで南下し、それから西にまがって最後には下鳥羽で鴨川にはいり、しばらくして桂川にもどる。これが本来の西高瀬川の姿だ。

二十年ほど前から京都府によって旧態に戻す作業がおこなわれた結果、天神川で落下する水位をポンプアップし、南区吉祥院の下水処理場を経て伏見区下鳥羽で鴨川に合流するのが西高瀬川の現況である。

幕末のころ、西高瀬川の貨物搬送は小規模だった。

明治二年ごろから京都府によって大々的な拡張工事がはじめられ、十七年から流し筏による運送業がはじまったという。現在の幅の狭いながれからは予想できないことだが、かつては川の幅がひろく、筏を操作し、荷扱いをする人夫のための側道もつくってあり、いまの景況を超える大規模な運河であった。

京都府の産業政策の基本——新しければ何でもいい

琵琶湖疏水の工事を計画し、完成まで指導したのは京都府の北垣国道《きたがきくにみち》知事である。北垣が第三代の京都府知事として赴任したのは明治十四年の一月である。

新しい知事の目に、京都はどのように映ったか？

初代知事の長谷信篤、二代の槇村正直のあしかけ十四年間の京都府の施策は総《そう》花《ばな》式の産業振興政策であった。勧業掛がセンターとなり、あれもこれもと華やかであり、賑やかでもある勧業政策が実行されたが、太い一本の柱はない。東京へ去った天皇から下賜《かし》された産業基立金十万円と、別枠で貸し付けられた勧業基立金十五万円を有効に使わせていただいています——こういう姿勢をみせる必要が優先したわけだ。

「第一期の長谷知事および槇村参事、此方の産業政策で——京都はあるいは悪口半分かもしれませぬが、まるで福沢諭吉の『西洋事情』の翻訳で、あれを踏んでゆくようなことであるということが始めにおこった」（『疏水回顧座談会速記録』）

——新しければ何でもいい。

これが初期の京都府の産業政策の基本であった。

目新しい効果を狙って発足したさまざまの新型産業は、石鹸《せっけん》・養蚕・製糸・製紙・製靴・製革・アイスクリーム・炭酸水・ビール——あらゆるジャンルにわたっていた。よくいえば壮観、わるくいえば手当たり次第の感は否《いな》めないのであり、短期間のうちに失速してしまった。たがいのあいだに有機的な連関がなく、一個の産業の好成績が他産業を刺激することがすくない。府が主導してゆく段階がおわっても、民間に移殖されて根を張ることがすくない。

槇村知事は地方税追徴の布達をめぐって京都府会と対立していた。府会の審議なしに地方税を追徴しようとした槇村案が取り消され、府会の自治にもとづく新しい徴税案が成立した。

槇村は退職を決意し、おりから上・下両京の連合区会から提出されていた最重要案件——産業基立金の運用を移管してもらいたい——を聴許した。上・下両京の連合区会は現在の京都市議会の前身である。

天皇から京都府に下賜された基立金の運用が両京の連合区会に移管されたことは、市民の利益を優先した原則にもとづく運用への転換を意味した。

金銭のじっさいの運用にあたるのは京都府知事だが、連合区会の意向をふまえなければならない義務を負う。

基立金の運用原則を転換してから、槇村は知事の座を北垣にひきわたした。

優秀な地方官だった第三代知事

初代知事の長谷信篤は公卿の出身だが、行政の能力を評価されて知事になったわけではなさそうだ。維新直後の政情がおちつくまでの、いわば飾りの知事であったろう。

二代目の槇村正直は長州藩士だ。若い世代であり、議政官史官試補の身分で京都府出仕を兼ねたのは明治元年のことだ。

大参事から参事をへて知事になり、さまざまな新規の産業をおこした。長州閥につらなる官僚として政府の威厳をもって行政にあたる姿勢が強く、知事と府会とのあいだにしばしばトラブルがおこった。

産業基立金の運用をめぐって、槇村は府会や上・下両京連合区会と対立し、形勢が不利になったとみるや辞職して元老院議官に転じた。だが、次代にひきわたされた基立金は十七万四千円に増額しており、三代知事の北垣国道はこれを基金として疏水工事をおこすことになる。

三代知事の北垣国道は但馬《たじま》の郷士《ごうし》の子である。若いときには尊皇攘夷の思想に燃え、師事した池田草庵《いけだそうあん》に破門された。草庵は「但馬聖人」と称された学者である。

清河八郎《きよかわはちろう》や真木和泉《まきいずみ》、久坂玄瑞《くさかげんずい》などと農兵隊結成の案を協議した。大和五条の天誅組《てんちゅう》の挙兵に呼応して但馬で義兵をおこそうとし、生野《いくの》銀山の代官所を占拠し、三年間にわたる年貢半減を宣言した。

だが、挙兵は近隣諸藩の討伐隊にやぶれ、北垣は鳥取にのがれて藩士にとりたてられたが佐幕派に圧迫されて長州にのがれ、奇兵《きへい》隊の隊士になったあと、長州藩士に採用された。

戊辰戦争では越後新発田《しばた》の会津藩軍と戦って戦功をあげ、弾正台《だんじょうだい》や開拓使など政府の官職をつとめたあと、鳥取県の少参事、熊本県の大書記官、高知県令を経て、明治十四年に京都府の第三代の知事になった。京都府知事といえば地方官のなかでは一、二をあらそう名誉の職である。

ところで、若い読者のために理解しておいてもらいたいことがある。都道府県は自治体であり、知事の職や議会の議員は都道府県住民の直接選挙できまる。日本政府は知事や議員の人事には手を出せない――これが現代の中央と地方の関係だ。

琵琶湖疏水の実現を最重要政策とした北垣国道《きたがきくにみち》

だが、北垣国道が京都府知事になったころは、そうではなかった。府や県は日本政府の行政の最前線の機関であった。政府は府や県の知事を任命し、知事を通じて国民を支配、統治していた。

北垣国道はそのころの京都府の知事になったのだ。権威は高く、名誉な職であった。

前任地の高知県では、政府に反対し、地方の人民の利益と権利をまもる自由民権運動がさかんであった。高知は自由民権運動の本山のように思われていた。北垣は東京の政府によって、高知の民権運動をおさえつける政策をおこなって成功したと評価されたのである。だからこそ、十数年まえまでは天皇の御所があった重要な地、京都府の知事に任命された。

琵琶湖疏水のための測量、始まる

赴任して三ヵ月たったころ、北垣は疏水工事の前提となる標高の調査に着手した。その結果、琵琶湖の湖面と京都の三条大橋の高低差は約四十五メートルであると判明した。三条大橋は東海道の起点であり、京都の中心ともされている地点だ。

四十五メートルの高低差があるならば疏水は可能である。この時点ではやくも北垣は琵琶湖疏水を京都府の最重要政策とすることを決意したと思われる。明治十四年の春、北垣国道は四十六歳であった。

かつてない規模の工事である。着任とほとんど同時に着工を決意するのは早すぎるのではないか――いやいや、早すぎることはなかった。遠くは平清盛、豊臣秀吉のころから夢想されていたことだ。条件がととのえば、ぜひともやってみたいと思ったひとは数しれない。

いまや、条件はととのった。

北垣の号令一下、測量は予備の段階から、実行を前提とした本格測量へと移行した。

この時期、測量の最前線を担当していたのは島田道生《しまだみちお》である。

島田は熊本県で土木工事の測量調査をおこなっていたときから、大書記官の北垣の信任をえていた。その後は高知県にうつり、高知県の県令になった北垣に信頼されて測量技術の才能をますます発揮し、京都府知事になった北垣の懇望で京都府の六等属を兼任することになった。島田が京都府の専属測量技手になるのは時間の問題だ。

琵琶湖から水をひいて、なにを、どうするのか——疏水工事の目的について検討がはじまり、整理された。工事費の予算も検討されて、やがて上・下連合区会に提出されることになる。

疏水の目的や工事の概要は何度かの修正をうけながら、すこしずつ完成にちかづいてゆく。いまはとりあえず、おおまかなところを整理しておく。当初の計画はつぎの七項目からなっていた。

①水車動力

このころ全国の工業動力は蒸気機関（スチーム・エンジン）が三六〇〇馬力、水車が一〇〇〇馬力、あわせて四六〇〇馬力だと推計されている。琵琶湖疏水では六〇〇馬力を水車で得る計画だから、全国の動力の七分の一程度が得られる計算となる。

このころの京都では鴨川や桂川に大規模な水車が仕掛けられて工業動力をおこしていたが、渇水期や洪水期には水車の運転を止めざるをえない。疏水の水量ならば一定量に調節できるから、年間を通じて安定した水車動力を得られる。

②水運
疏水を運河として使う水運料金は陸送より低価格にすることが可能であるから、結果的に市民の利益となる。
③田畑の灌漑《かんがい》
旱魃《かんばつ》を防ぐことが期待される。
④精米
京都の年間の白米の消費量は約五十万石であるが、玄米を白米に搗精《とうせい》する作業の多くは京都のほかの地でおこなっていた。琵琶湖疏水の水力を利用して京都市内で搗精すれば、利益が還元される。
⑤火災予防・消火
⑥飲料水
⑦衛生
琵琶湖の水を市内にながすことで清潔な環境がえられる。
①～④の事業からは、年間で約三十万円の利益があがると概算されていた。工事費としては、はじめのうちは三十万円、しばらくして六十万円に倍増された予

算案が提出される。当時の金銭感覚ではまさに巨額なのだが、それでも、数年のうちに投資は回収されるだろうと説明されていた。

安積《あさか》疏水の工事を監督した男、京都へ

琵琶湖疏水の計画がまとまる過程で、農商務省の南一郎平《みなみいちろうべい》という人物は欠かせない存在であった。福島県の安積《あさか》疏水の工事を監督したのが南である。

明治初年の東北地方は、政府から棄《す》てられたも同様の苦境を強《し》いられた。ほとんどの藩が旧幕府軍に味方した戊辰《ぼしん》戦争の報復の意味もあった。

廃藩置県のあと、福島県の典事として赴任してきた中条政恒《なかじょうまさつね》が県令の安場保和《やすばやすかず》に進言して、安積郡の原野四千町歩の開拓がおこなわれることになった。政府の資金も投入され、疲弊状況にあった旧士族が中心になって開拓がすすめられた。

だが、開拓がすすむにつれ、灌漑用水が決定的に足りないことがわかった。

明治九年、天皇の東北巡行の先遣隊として福島県をおとずれた内務卿の大久保利通《おおくぼとしみち》に、中条が開拓地に用水をひくことを説いた。大久保が了承して、猪苗代《いなわしろ》湖

から用水をひくことになった。これが安積疏水である。

政府で裁決される直前に大久保が暗殺されたので計画は危機におちいったが、中条が奮闘して政府に交渉をつづけ、明治十二年に工事がはじまった。

三ヵ年の歳月と四十万円の巨費を投じた安積疏水は、明治十五年十月に完成した。標高五一四メートル、周囲六十六キロメートル、面積一〇八平方キロメートル、最深部一〇〇メートルの猪苗代湖に二ヵ所の取水口をつくって水量を調節し、幹線五十二キロメートル、分水路七十八キロメートルの安積疏水は八百町歩の水田を灌漑する。

この大工事の主任が南一郎平であった。

このころ、京都府知事の北垣国道はしばしば東京へ出張し、琵琶湖疏水にたいする政府要人の理解をもとめる工作をしていた。内務卿の松方正義《まつかたまさよし》から安積疏水の完成式がおこなわれることをきき、福島県の開成山大神宮でおこなわれる祝賀式典に参加した。

安積疏水工事の基本を設計したのはオランダ人のファン・ドールンであった。北垣はドールンの名をきいていたはずだ。ドールンと南に会うのが福島行きの目的であったにちがいない。だが、疏水の完成をまえにして、ドールンは帰国していた。ドールンの設計をひきつぎ、南一郎平が工事をつづけて完成にこぎつけたのだ。

ドールンが帰国したのは北垣を失望させたことだろうが、ドールンの設計をひきついで竣工《しゅんこう》にこぎつけた南の存在は、北垣の望みをふくらませた。

北垣は南に琵琶湖疏水の案をうちあけ、京都にきて調査と基本設計をおこなってほしいと要請した。南は了承し、京都で現地調査をして、琵琶湖疏水が京都の都市としての価値を高める効果を発揮すると結論づけた。

「この業の成るべきや否《いな》やを検するに、別段の難場あるにあらず――かならずおこなわるべきの事業と視認せり」

北垣に提出された南の「琵琶湖水利意見書」の結論である。安積疏水の大工事を成功させた南の意見書が北垣をいかにちからづけたか、想像に難くない。

南の意見書でもっとも重要なものはシャフト――縦坑《たてこう》の技法を提唱したことだ。

山に水平の隧道《ずいどう》（トンネル）を掘って水路をひらくわけだが、それとは別に、山の上から垂直に縦坑（シャフト）を掘りさげ、隧道の位置に達したら、前と後ろの二方向へ、水平に掘りすすんでゆく。

山の上から掘りさげる縦坑と、山の麓《ふもと》から水平に掘りすすむ隧道をぴたりとあわせるには事前の測量が完璧でなければならないが、長いトンネルを数個に分けて同時に掘ることが可能になり、切削の現場に充分な空気を送りこんで人夫の安全をまもり、掘りだした土をかきあげ、湧水を汲みあげるのが容易になる。

北垣は技術のことは知らないはずだ。だが、南一郎平からシャフトの工法をおしえられたときに、

——成功する！

確信をもったにちがいない。アマチュアの直感だ。

噴出する反対意見

疏水の計画に反対する声、批判的な意見も強かった。

琵琶湖から流出する川は瀬田川《せたがわ》一本だけである。宇治《うじ》川と名がかわり、桂川・木津川と合流して淀川になり、大阪湾にそそぐ。琵琶湖疏水はいわばバイパスの水路であり、瀬田川のほかに、新しい流出路ができることでもある。

——琵琶湖の水位がはなはだしく低下し、弊害が生じるのではないか？

滋賀県が憂慮した。沿岸農業の灌漑《かんがい》に支障がおきるだろうし、船運にも不都合が生じるとおそれた。

大阪府では、淀川の水位上昇による水害のおそれが出てきた。

瀬田川―宇治川―淀川は近畿圏の水運の大動脈になっている。だが、琵琶湖疏水が完成して新しい水運のルートができると、京都がセンターの地位につくことになる。その反面では大津と大阪の凋落《ちょうらく》が予想されるから、大津と大阪は提携して京都に抗議をもうしいれた。

京都側では、特に滋賀県の怒りをやわらげることに手をつくし、水位の低下をふせぐために万全の措置を講ずると約束した。明細な工事計画書までしめしたのが功を奏して、明治十七年五月、政府は疏水起工伺《うかがい》書を受理した。

起工伺書は受理されたが、許可がおりたわけではない。東京で政府の許可をとりつける工作がおこなわれるのと並行して、京都では工事予算を確定する作業がおこなわれた。予算確定書が政府に了承されれば、ようやく疏水工事の許可がおりる。

京都府から上・下両京の連合区会に提出された予算請求額は百二十五万六千円である。このなかには滋賀県と大阪府の水害防止対策費もふくまれていた。

　産業基立金のほかに国や府からの補助金、京都市の債券、一般からの寄付をくみいれても二十五万円の不足がある。二十五万円を市民に臨時に賦課《ふか》することで賄《まかな》うのが予算案の眼目であった。

　賦課の額を産出する基準は三本立てになっていた。戸数割・地価割・営業割の三本である。戸数割は街路に面した家持ちの場合、明治十九年度が十六銭、二十年が六十銭、二十一年の六十銭と三年の年賦である。裏家住まいや同居人でも八銭・十五銭・十二銭が課せられる。このほかに所有する土地の地価と営業収入によって賦課される。

　事業を計画する公的権力が、予算の不足を市民からの拠出のかたちで賄おうというわけである。

　もともと京都には、行政に頼らずに必要な費用を賄う伝統があった。明治の初年の近代化政策の費用も、こうしたかたちの市民の拠出によって賄われた実績がある。琵琶湖疏水計画は、行政権力者が住民自治の伝統に依拠した面が強かった。

　市民にたいする賦課をふくめた百二十五万六千円の予算案は上・下両京連合区会を通過したが、強制賦課にたいする反対は根強くつづけられた。

だが、政府の許可はおりた。明治十八年三月、京都府に疏水係が設置され、いよいよ工事がはじまる。

工事を担当した男・田辺朔郎《たなべさくお》

知事の北垣が琵琶湖疏水建設の政策を発案、実行にむかう決意をかため、北垣の命をうけた島田道生と南一平太の測量作業が進行していた京都府に、工部大学校の卒業生の田辺朔郎が登場する。

江戸の洋式砲術家、田辺孫次郎の息子が朔郎である。孫次郎の弟、朔郎には叔父にあたる田辺太一は幕臣、外交官として名を知られていた。

朔郎はおさないころに父を亡くし、叔父の太一の世話をうけて工部大学校で工学をまなび、政治の道よりも実業、科学技術者の路をめざしてあれこれと模索していたようだ。

工部大学校の校長の大鳥圭介《おおとりけいすけ》は旧幕臣、兵術家として旧幕府の函館共和国の陸軍奉行となり、新政府の軍隊と戦って敗れ、入牢の憂き目にあった。

釈放後は開拓使御用掛を経て工部大学校の校長に就いたが、旧幕臣の子弟が生活の路に苦しんでいるのをみれば、なにかと援助の策を提供せずにはいられない。

旧幕府のころ、大鳥と田辺孫次郎とは砲術家としての付き合いがあった。孫次郎の遺児の朔郎が工部大学校を卒業するにあたり、校長の大鳥は、朔郎は琵琶湖疏水の建設を重要政策としていた京都府に就職するのが賢明であろうとかんがえ、京都府知事の北垣に声をかけた結果、朔郎の京都府入りが実現したのではなかろうか。（織田直文《おだなおふみ》『琵琶湖疏水――明治の大プロジェクト』）

工部大学校で朔郎が師事したのは教頭のイギリス人のヘンリー・ダイアー、土木工学の専門家であった。

いわゆる「お雇い外国人」のひとりダイアーの学識と経験が田辺朔郎という新進の土木技術者を経て、東京遷都という危機の淵から脱出し、なんとしてでも新生の路をあゆもうともがく京都に輝かしい火を灯した。（三好信浩《みよしのぶひろ》『ダイアーの日本』福村出版）

レンガとセメントが足りない!

滋賀県の大津から京都の蹴上まで、疏水の総延長は十一キロメートルである。大津の取水口から七百三十一メートルすすむと、はやくも長等山《ながらやま》にぶつかる。

　二千四百三十六メートルの第一トンネルを掘りぬかなければならない。

　これまで日本国内で掘られた最長のトンネルは京都と大津のあいだの鉄道の逢坂山トンネル、六百六十五メートルである。明治十一年から十三年まで、あしかけ三年の年月をかけて開通したものだ。

長等山トンネルの勾配は三〇〇〇分の一、京都側にむかってゆるやかに傾斜して掘られる。トンネルは上下五・六メートル、幅は四・五メートルの筒形である。

トンネルの壁面はレンガで補強するが、このころの日本のレンガ製造能力は貧弱であった。関西では堺がレンガ生産地であったが、年間の生産量は一五〇万個にすぎない。東京では小菅《こすげ》の集治監《しゅうじかん》で囚人をつかってほそぼそと焼いていただけである。

インクラインの近くにたつ田《た》辺《なべ》朔《さく》郎《お》の銅像

疏水のトンネルで必要としたレンガは一三五〇万個である。堺と東京をあわせても足りないから、山科《やましな》の御陵《みささぎ》村にレンガ製造所をつくって、焼いた。堺《さかい》から職人を招聘《しょうへい》してレンガ製造の技術をおしえてもらった。

レンガをかためるセメントは国産もあったが、量が足りないうえに質もよくない。イギリスから輸入した高価なセメントを、まるで薬のように大切にしてつかった。

トンネルの壁面には二本の線がとりつけてある。一本は通信用のケーブル、もう一本はロープで、京都から大津へのぼる船頭はこのロープをたぐって船を遡上させたのだ。

木材の消費も大量であった。トンネル掘削工事を支える木材が必要だったからである。京都側と滋賀県側に十ヵ所の木材工場がつくられ、製材された木材が毎日のように掘削現場におくられた。

石材は、ちかくの藤尾《ふじお》官山《かんざん》から花崗《かこう》岩を伐《き》りだして使い、不足分は湖東で伐りだして運んだ。重量のある石材をはこぶのは湖上運送の得意とするところだ。

トンネル掘削工事の主役はダイナマイトだが、すべてドイツとイギリスのものである。雷管も外国製だが、導火線はイギリス製品のほかに国産を使った。

現場に自信をもたらした、シャフトとトンネルの合流

疏水工事の成否をにぎるのは長等山をはじめとする三本のトンネル掘削である。長等山トンネルの縦坑（シャフト）掘削が疏水工事全体の開始となった。

長等山トンネルの予定線にむかって、二ヵ所からシャフトが掘られた。第一シャフトは掘削工事のためのもの、第二シャフトは通風のためのもので、完成したあとは採光口の役目も兼ねる。

第一シャフトは上部が円形で、直径は五・五メートル、下部にゆくにつれて楕円形になる。深さは四十五メートル、いいかえれば、四十五メートルに達したときに琵琶湖から水平に掘ってきたトンネルの本道と直角にまじわるはずだ。測量がまちがっていれば、シャフトもトンネル本道も長等山の地中で迷子になってしまう。

シャフト掘削がすすめば、湧水になやまされる。最初の湧水があったのは深さ三十メートルに掘りすすんだときだったというから、工程の三分の二の時点であった。

はじめはすべて人力で汲み上げていた。水桶に綱をつけ、シャフト上部の芯棒に巻きつけて上げる。巻き上げる作業の合図を、人夫たちは「マイタ、マイタ」と呼んでいたそうだ。

やがて人力の限界につきあたり、はじめはドンキー式、つぎには中型スペシャル、最後には大型スペシャルのポンプを導入したが、本格的に機能を発揮しないうちに一名の技師が命をおとすことになった。

島田道生の測量は正確であった。掘りはじめてから八ヵ月あまり、一日平均二十センチメートルという、わずかで、しかし着実な掘削作業のすえにトンネル本道と直角にまじわった。（織田直文『琵琶湖疏水』）

「地上から地下へ掘りました隧道と西口から掘った四百間もある隧道とが、あるとき、スパッと出会った。それから疏水というものは必ず出来ると思いました。それまでは出来るか出来ないか分からぬと思っておった。あんなことをしても金を捨てるばかりで仕事は出来はしないだろうと、こう思っていたのが、竪坑からの隧道と西口からの隧道が出会ったものですから、こんな不思議な事が出来たら隧道は必ず出来るという安心を与えたのです」（『疏水回顧座談会速記録』）

田辺朔郎が感激をこめて回想している。島田道生の測量を信じているからこそ工事をやれるわけだが、それでもなお、一抹の不安は払拭できなかったのだ。

シャフトがトンネルの線に達してからすぐに、西と東にむかってトンネルを掘りはじめた。長等山トンネルの掘削が完了したのは明治二十二年二月である。三月になってから、まる一日を全工場の休日として長等山第一トンネル開通を祝う祝賀会をひらいた。

工事風景を絵画で残すように命じられた男

島田、南、田辺につづいて河田小龍《かわだしょうりゅう》という人物を紹介する。河田は二十二年五月づけで疏水事務所の「雇」として登録された。

河田は土佐の絵師であった。吉田東洋《よしだとうよう》に抜擢《ばってき》されて長崎や京都、江戸に遊学し、絵画と儒学をまなんだ。ジョン（中浜）万次郎の漂流体験を聞き書きする役目をおおせつけられ、絵入りの『漂巽紀畧《ひょうそんきりゃく》』を完成して藩主に提出したのが嘉永五年（一八五二）のことである。

『漂巽紀畧』は藩庫に納められ、他見を禁じられたが、河田が万次郎から得た知識を他人におしえるのは咎《とが》められなかったらしい。多くの土佐の青年が外国の知識を知りたいばかりに河田のもとをおとずれた。そのひとりが坂本龍馬《さかもとりようま》であった。

河田と龍馬は汽船を購入して海上運送の組織をつくろうと約束した。河田は事業をおこして汽船購入の費用をつくり、龍馬は人材をあつめ、海員として養成する任務分担したのである。

龍馬は殺され、王政復古から戊辰戦争へと政局は激変する。河田小龍の資金あつめの事業は失敗におわり、故郷の土佐で身をすくめる想いで耐えていた。

土佐の県令になった北垣国道は、河田小龍の絵画の腕を見込んだ。このときは、まさか京都で疏水をひらくとは思ってはいなかったろうが、工事がはじまるやいなや高知の河田に声をかけ、疏水工事のさまざまな場面を絵画で描写して後世にのこす仕事を依頼したのである。

このころすでに、写真の技術は相当のレベルに達していた。だが、写真にはない能力が絵画にはある。観たいものを凝視する視線といえばいいだろうか。

河田小龍の作品は相役の田村宗立《たむらそうりゆう》の作品とあわせて『琵琶湖疏水の100年』と題し、一九九〇年に京都市水道局によって印刷出版され、だれでも読みやすくなっているのがありがたい。

計画を変更することになった事情

疏水工事は生き物であった。はじめの計画から一歩もはずれることなく完成をめざす、というものではなかった。計画が完璧でなかったからではなく、時間の経過とともに計画を変更せざるをえない事情がおこってくるからだ。

計画変更の止むない事情がおきると関係者が激論をかわし、いざ変更となると、全員が新計画にむかって邁進《まいしん》する、そこに疏水工事の見事さがあったともいえる。

山科《やましな》地区のオープンカナル（開展水路）をすぎた疏水は東山トンネルをくぐり、蹴上から京都市内にながれこむ。蹴上の先をどうするかで、計画を大きく変更しなければならないことになった。第一の大事件である。

当初の計画にしたがうならば、蹴上から先はつぎのようになるはずだった。そのままの水位で鹿《しし》ケ谷《だに》にながれて水車をまわし、すこしずつ水位を落としながら北上して白川《しらかわ》——一乗寺《いちじようじ》——松ヶ崎《まつがさき》——下鴨《しもがも》の農村の水田を灌漑したあと、高野《たかの》川と賀茂川をくぐって灌漑してから小川頭《おがわがしら》に達し、ここで御所水道を分流して堀川に合流する。

琵琶湖から疏水の上を移動してきた舟は伏見で淀川水系にのりかえ、疏水の三大眼目のすべてが終了することになるが、ここに問題がある。一刻もはやく伏見にゆきたい舟便が水車動力と灌漑に付き合いをさせられ、洛東と洛北をぐるっと遠回りして三大眼目の最後に実現される仕組みだ。このうえない不合理なのだが、三十六メートルの落差を保持して水車をまわすには仕方がないとされていた。

——舟の水路を一列、水車と灌漑の水路を一列というふうに二列に分ければいいではないか！

特別な名案というものではない。以前にも同様の発想は提案されたにちがいないが、状況が切羽つまっていないから一顧だにされなかったのだろう。

いまは、ちがう。蹴上で京都に出る水路のその先をどうするのか、決断の時がきていたのだ。

——小川頭までゆくのは水車動力と灌漑の一水路とし、舟のためのもう一本の水路を蹴上で分けて水位を下げて、高瀬川に入れる。

蹴上で水位を下げ、ジグザグに曲折させながら西へすすめ、仁王門《におうもん》通の位置で鴨川を跨《また》いで高瀬川に入れ、伏見まで舟をはこぶルートである。

わずかの距離のあいだで三十六メートルもの水位を落とし、しかも舟の安全をたもつには、どうすればいいか——この問題はかなり容易に解決される。閘門《こうもん》をつくればいいのである。

パナマ運河でつかわれているのが閘門である。一定の区間ごとに数個の水門をつくり、順おくりに水門を閉じ、ひらいて舟を上下させて通過させる。水門で閉鎖された水面が階段の踏板のかわりになる——こうかんがえればわかりやすい。

だが、閘門を舟が通過するには時間がかかる弊害があった。大型の船舶ならばともかくとして、大津と伏見のあいだを往復する舟は小型である。五艘、十艘と舟をまとめて閘門を通すとしても、舟をまとめるのに時間がかかる。閘門通過に長い時間がかかっては、そもそも疏水をつくる目的と乖離《かいり》する。

インクラインが導入されることになった理由

そこで、閘門の案をやめ、インクライン方式がとられることになった。いま、蹴上で形態保存されているインクラインはこのような事情で誕生したのである。

インクラインの上と下に舟溜をつくり、斜面に上り、下り、あわせて四本のレール（鉄製軌道）を敷き、大津からきた舟――大津へゆく舟――をのせた台車がレールを上下する。

台車を上下させる動力としては水車動力か蒸気機関が想定されていたが、ここでまた第二の大事件がおこり、最終的には水車動力でも蒸気機関でもなく、電力モーターを使って台車を上下させることになった。この件については、もうすこし先でくわしく述べる。

昭和二十三年（一九四八）までは疏水通船がおこなわれていた。だから、舟をのせた台車がレールを上下して、などとややこしい説明は無用であった。じっさいに見てもらえばいいのである。

だが、通船が廃止されて長い時間がすぎたいまでは、もどかしい想いをこらえて説明しなければならない。

それを解決してくれるのが、インクラインの下の舟溜のそばにできた琵琶湖疏水記念館なのである。じつに、なんとも楽しく、しかも迫力のある施設なのだ。

インクラインの模型がある。文章では説明しづらかったインクラインの仕組みが、ボタン一発で理解できる。

――こりゃ、おもしろいなあ！

来館者の感嘆の声をきくことがしばしばである。

インクラインでは、水はどうなるのかというと、下の舟溜で台車をうかべるだけの水量があればいい。この先は伏見まで運河なのだから、ながれていなくてもかまわない。

大津からながれてくる水のほとんどすべては東山の麓《ふもと》を鹿ケ谷《ししがたに》までながれ、水車をまわしてコメを精白し――精白だけではないが――下鴨や松ヶ崎で水田に灌漑をして小川頭に出て、一部は御所の水道になり、最後には堀川へはいる計画になっていた。

だが、それも、第二の大事件によって一変するのである。

アメリカ各地を視察する

第二の大事件、それは西陣の織物業者、二代目川島甚兵衛《かわしまじんべえ》のアメリカゆきに端を発している。かれは西陣や丹波の織物の輸出振興の途をさぐるために欧米に視察旅行をおこなって、明治二十一年にかえってきた。

かれの欧米旅行談のうち、疏水関係者が刺激をうけたのはつぎのようなものであった。

――アメリカ合衆国、マサチューセッツ州のホリィヨークでは運河とダムをつくり、水車動力を利用した計画的な工業都市をめざして成功している。

川島甚兵衛は実業家である。欧米にゆくまえから疏水について、実業家としてのある種の見解をもっていたと思われる。

――わが京都の琵琶湖疏水は完成しつつあるが、疏水によって得られる水車動力の使い方についてかならずしも確固たる計画はないようだ。

そういう川島の目にとびこんできたのが、まさにいま成功しつつあるホリィヨークの実験であった。

――これからの都市は水車動力を柱として発展を期すべきである。

川島の談話が上・下両京連合区会の議題にとりあげられ、田辺朔郎と高木文平《たかぎぶんぺい》が視察に派遣されることになった。

丹波の郷士出身の高木は維新後に京都府庁につとめたあと、同志をあつめて商工会議所を組織し、連合区会の疏水常務委員をつとめていた。

連合区会の反応はじつに敏速であった。慌《あわ》ただしいほどに敏速だったというべきだ。じつはそこに、水車動力の利用方法について確固たる計画を案出できない疏水係の苦悩と焦燥《しょうそう》がしめされていた。

連合区会が田辺と高木に指示した視察目標はメリーランド州のポトマック運河、ニュージャージー州のモーリス運河、マサチューセッツ州のローウェルとホリィヨークである。

田辺と高木にあたえられたのはアメリカにおける水車動力の理論と実際である。

だが、ふたりとも、水車動力についてはいうまでもないが、同時に、水力発電の理論と実際も調査しなければならないと決意していた形跡がある。

水車動力と水力発電

水車動力と水力発電の相違について、くどくなるかもしれないが、簡単に説明しておこう。

高いところから低いところに水を落とし、水車に当てると回転エネルギーが得られる。これを水車動力とよぶ。琵琶湖疏水計画の初期の段階で構想されていたのは、鹿ヶ谷のあたりに水車を仕掛けておき、疎水の水を当てて回転エネルギーを得るというものだった。鹿ヶ谷に巨大な水車場ができるわけだ。上から下に、何段にもわたって多数の水車を仕掛けるわけだから、得られるエネルギーの量も相当なものである。

水車の回転エネルギーをベルト（調帯）か回転軸、またはギア装置で工場の製造機械に伝達するわけだが、エネルギーを遠方に伝達できない弱点がある。だから、水車場に接して工場を設置しなければならない。エネルギーの遠方伝達は不可能ではないが、仕掛けが大げさになるに反比例してエネルギーのロスが多くなってしまう。

琵琶湖疏水を詳しく説明してくれる記念館

インクラインの仕組みがよくわかる模型

水を高所から落下させ、水車を回転させるまでは水車動力とおなじ仕掛けだが、水車の回転エネルギーで発電機を回転させ、電気エネルギーに変える。これを水力発電とよぶ。電線を使って、かなり遠方にまでエネルギーを送れるのが利点である。途中の自然放電というかたちのロスは避けられないが、水車動力を遠方に送るに際してのロスにくらべればわずかのロスにとどまる。

調査渡米の目的について、田辺は連合区会でつぎのように答弁していた。長くなるが、田辺の答弁を意訳、引用する。

「琵琶湖からひく水の使用方法をどうするかについて、あらかじめ研究しておく必要がある。方法によって便と不便の相違があるからだ。

①運河の高水位のところから第一、第二、第三というふうに順次に取水して水車をまわす方法がある。

②上の水車から中の水車、そして下の水車の順で水を落とす方法がある。

③仕掛けの中心に水車を配置する方法がある。

④水車を使わずに動力をとる方法がある。

⑤水力を電気にする方法もある。

あらかじめ研究しておかなければ、いざ水力利用のときに損失を被《こうむ》ることがある。それゆえ、研究の結果如何《いかん》によっては工事を変更する必要があるものとして、調査のために渡米するのである」（『琵琶湖疏水及水力利用事業』）

水車動力方式の欠点にも気づいていた形跡がある。田辺朔郎の回想のうち、水車場の土地の問題についての指摘は重要である。

鹿ケ谷を水車場と予定していたが、アメリカでの調査の結果、水車場の予定地が買い占められて地価の高騰をまねいた事実がある、というのである。

アメリカの苦い経験が京都で再現しない保証はない。そこで京都では水車動力のマイナスが強調され、反対に、水力発電の有利さがますます確認されることになった。得られるエネルギーがおなじと仮定するとき、装置に必要な土地は水力発電のほうがはるかに狭くて済むのである。

そのうえ、電力にはエネルギーを遠方に手軽に送れる利点がある。これは水車動力方式には真似《まね》のできない利点である。つまり、いったん水力発電の利点に気づけば、水車動力の欠点ばかり目についてしまう。

そういうわけで、アメリカにわたって視察をはじめた田辺と高木は、水力発電の理論を究《きわ》め、実際を見学したいと思うのだが、なかなかチャンスがない。アメリカでも、火力発電こそ実用の段階になっていたが、水力発電は産声《うぶごえ》をあげた程度だったのだ。

水力発電の現場をようやく発見

ニューヨークに滞在し、水力発電の実際を見るチャンスはないものかと苦心していたふたりのまえに、「スプレーグ会社の支配人ゼンクス氏」なる人物があらわれた。「スプレーグ会社」とは火力発電をしていた会社のようだ。

田辺朔郎と高木文平がゼンクス氏に出会う場面は、文平の孫で医師の高木誠が感動的な文章で述べている。高木誠は、祖父と田辺が調査旅行をした土地をおとずれ、いくつもの貴重な事実を発見するのである。

ゼンクス氏の助言は懇切であった。田辺と高木が水力発電を電灯や動力に応用する途を模索しているらしいと察しをつけ、「火力発電ならともかく、米国でも英仏でも、水力発電の実用化に成功した実例はない」と断言した。未完成のものを求めて無駄を重ねるよりは、早く帰国されるほうがよいと勧告したうえで、「どうしてもとおっしゃるなら」と条件をつけたうえで、つぎのように示唆《しさ》して

僥倖《ぎょうこう》がおとずれた。

くれたのである。

「まだ断念できないと思われるなら、旅費と日程を捨てるつもりで、コロラド州のアスペンの山中の銀鉱で、同じような研究をしているデブロー氏に会ってみてはどうですか。まだ完成はしていなくとも、将来の参考になることが聞けるかもしれません」（高木誠『わが国水力発電・電気鉄道のルーツ』）

小躍りする想いのふたりはニューヨークからあしかけ四日の汽車の旅で、コロラド州のアスペンについた。

アスペンのローリング・フォークでは、かれらが着く二ヵ月まえに本格的な水力発電の成功を体験していた。

本格的な発電とは、「一般への供給を目的とする発電」（高木誠）のことである。自家用の小規模水力発電ならば、すでに日本でも数ヵ所で成功していた。

田辺と高木は明治二十二年一月に帰国し、詳細な「水力配置方法報告書」を提出した。疏水の水力を「水車動力」として使うのと「電気に変換」して使うのと、二方法を比較してのべる報告書である。

高木が連合区会の説得を、田辺が技術の面の説明をと、手分けしたのが成功したわけだろう。水車動力方式では三万坪の敷地を必要として一馬力あたりの経費は五円六十銭、これにたいし、水力発電方式によれば敷地は三百坪ですみ、一馬力あたりの経費は二円六十銭と説明されれば、すこしぐらいの疑問はふっとんでしまうのである。

エネルギーを遠方に伝達するについては、水車方式にくらべて発電方式は圧倒的に有利であった。細長い電線があれば、かなり遠くまで送電できる。空中自然放電のロスはあるものの、水車方式では遠隔伝達はほとんど絶望的だ。

水車動力を使う機械は、水車に接して設置されなければならない。発電動力は、現にいま機械が作動している工場まで伝達され得るのである。

思うように電気が売れない

明治二十四年の五月、蹴上の発電所で発電と送電がはじまった。日本で最初の水力発電であるところに大いなる意義がある——こういう評価があるが、そうではなさそうだ。足尾《あしお》銅山や下野《しもつけ》麻紡織会社では蹴上よりはやく自家用の水力発電がおこなわれ、実用されていたのだ。

だが、〈電力を販売する〉という構想の水力発電としては蹴上発電所がまぎれもなく日本最初といっていい。

そこで、電力販売の実績はどんな具合であったかというと、よくいって前途洋々、わるくいえば、お先真っ暗である。時計製造業に一馬力の電気が契約されたほかは、インクラインの台車を上下させる自家用に三十五馬力が消費されるだけであった。

販売と自家用の比率は「1」と「35」である。こんな数字でなにが営業発電かと嘲笑的な批判の声も出るところだが、発電の姿勢はあくまで販売であった。売るべき電気はあるのに買手が少ない、それだけのはなしだ。

だが、やがて電灯の需要がはじまり、水力発電事業の成長に拍車がかかった。日本における電灯事業の会社としては明治十五年設立の東京電灯会社が最初であった。二十年に神戸電灯が、ついで大阪、二十一年に京都、名古屋と電灯会社が設立され、灯火用の電気を売りだした。これらの電気はすべて火力発電である。

京都電灯会社は田中源太郎《たなかげんたろう》が初代社長となり、木屋町《きやまち》通蛸薬師《たこやくし》下ル西に本社と発電所がたてられた。八十馬力の直流エジソン式発電機で、明治二十二年から祇園《ぎおん》や新京極、先斗町の狭い区域に八百ほどの電灯を灯した。

蹴上で水力による発電事業がはじまったとき、京都電灯会社は火力発電を水力発電にきりかえる構想はもったはずだ。明治二十五年の末に蹴上発電所の水力発電電気を供給するようになり、火力発電は使わなくなった。水力発電を使うことで小口の電力需要を開拓することに成功したのだ。

それでも、思うようには電気は売れなかったというはなしがある。

「直流発電機百馬力二台、需要家というと電灯会社に百馬力、時計会社に五馬力、それよりほか売れておりません」（『疏水回顧座談会速記録』）

二十四年の四月に疏水係の事業部にはいった木村栄吉というひとの回想である。チャンスを見つけては水力電気の演説をして宣伝したが、売れない。

二十五年に日本水電協会を組織し、電気事業にかかわる人材をあつめて需要拡大を狙ったが、売れない。「水電」が誇張されているところに、火力発電をライバルとみたてていた水力電気の意気込みがあるわけだ。

明治二十七年に京都電気鉄道会社が設立され、翌年、蹴上の水力電気を使って伏見の下油掛《しもあぶらかけ》から塩小路高倉のあいだの六・五キロで電車を走らせたころから状況が好転した。チンチン電車である。京都電気鉄道の発起人は浜岡光哲《はまおかこうてつ》や大沢善助《おおさわぜんすけ》、社長は高木文平《たかぎぶんぺい》であった。

京都電気鉄道が大口の需要家となって電気の売上が上向くようになったが、はじめのうちは運河利用はもちろん、水力水車利用の収入を下回ることがつづいた。電圧が一定でないことや、渇水期には停電せざるをえないのも需要拡大にブレーキをかけた。

「開通したころには電源として蹴上の水力発電所の電気を使用していたが、電圧が変動しやすく、それに伴って電車が急に遅くなったり、突然早く走りだすなど大変危険だったようで、結局明治三十二年の二月に、現在の京都駅の八条口の南の辺りに専属の小さな火力発電所が設けられた」（『わが国水力発電・電気鉄道のルーツ』）

鴨川につなぐか、高瀬川か——第三の道

琵琶湖疏水の計画ができあがったころは、水力発電の構想はふくまれていなかった。運河や灌漑とならんで「水力動力」の用語はつかわれていたが、それは水車動力だけを意味して、水力発電のことではなかった。

第一期の工事がほぼおわったころ、状況はまったく変わっていた。発電が主力

であり、運河や水車は二番手、三番手の地位に後退していた。

だが、存在価値がゼロになったわけではない。運河輸送が花形だった時期はあったし、疏水の水を動力源とする水車が織物の機械をうごかしていた時期もあったのだ。

運河はどうなったのか？

台車にのせられてインクラインを下った舟は南禅寺《なんぜんじ》まえの舟溜におりる。ここで荷の揚げ下ろしをしてもいいわけだが、そもそもの目的は伏見までゆくことである。

伏見にゆくには舟溜から西へ水路をつくって、鴨川か、あるいは高瀬川に通じる。はじめのうち、鴨川か高瀬川かの決定を先送りにしたまま工事にかかったのである。

工事がすすんで、いよいよ決定しなければならない時期がちかづいた。明治二十一年のころである。

京都府は鴨川に通す案をかんがえていたようだ。鴨川に通すのが最善というより、高瀬川を通すには支障が多すぎる、やむをえずに鴨川にするといったところであった。

なぜ高瀬川がだめなのか——

①鴨川を横断しなければならないが、工事はきわめて困難である。
②高瀬川の川底を掘り下げなければならないが、そこへ疏水の水を入れれば激流となって舟の上り下りが困難になる。
③舟の上り下りを容易にするには閘門をつくる手があるが、そうすると通船の時間が長くなる弊害が生じる。
④高瀬川を改修している期間、舟の上り下りを停止しなければならない。

鴨川に通すとしても、かなりの修復はしなければならない。丸太町橋の下流から川の真ん中に堤防をきずき、堤防の西を鴨川、東を運河として高瀬川は埋めてしまうというのが京都府の腹案であったようだ。

よくいえば大胆な案だが、わるくいえば破壊である。高瀬船の業者をはじめ、高瀬川に頼って生計を維持している市民はすくなくない。案の定、はげしい反対運動がおこり、府は高瀬川埋め立て案を撤回した。

こういう経緯をへて、鴨川の東岸に新しい運河の水路を開削する案がうかんできた。鴨川と夷《えびす》川通が交差する地点に閘門をつくって水位を調整し、鴨川の東の岸をながれ、伏見の景勝《かげかつ》町で高瀬川と合流して宇治川にはいる。これが鴨川運河とよばれる水路であり、滋賀県の大津から伏見にいたる琵琶湖疏水の本線二〇キロあまりが全通した。

鴨川運河が開通したのは明治二十七年九月である。明治十八年六月の起工式から、あしかけ十年の年月がすぎていた。

支線、支流とよばれる水路はまず南禅寺の水路閣《すいろかく》をわたる。全長九十一メートル半円アーチ型の水路橋は田辺朔郎が設計した。

南禅寺から東山の麓を北上し、鹿ヶ谷から浄土《じょうど》寺――このあたりが「哲学の道」とよばれている――白川から高野川と鴨川の下をくぐったあと、堀川にはいる。はじめの計画では支線も運河として使うはずだったが、先に完成した鴨川運河に役目をゆずるかたちになった。

琵琶湖の水が堀川をながれる構想は雄大である。だが、現在は松ヶ崎浄水場で飲用水に浄水され、支線の終点になっている。浄水場の先の水路は暗渠《あんきょ》になっているが、琵琶湖の水はながれていないのである。

水路はなぜジグザグになったのか？

大津と伏見のあいだを小型の輸送船と客船が頻繁に往復し、貨物と乗客をはこんだ。江戸時代からの運河の高瀬川は薪炭や肥料など日用物資をはこんでいたが、鴨川運河は産業物資をはこぶことで、おのずから分担する結果になった。

疏水の運送が廃止されたのは昭和二十三年（一九四八）十一月である。東海道本線や京津電気鉄道、国道一号線の急速な発達をかんがえれば、よくぞここまで存続したものだといえる。

明治三十五年ごろが最盛期であった。貨物船は年間に一万五千艘、旅客船は二万艘をこえたという。

蹴上のインクラインをギシッ、ギシッと音をあげてくだり、南禅寺まえの船溜から仁王門通にそって西へゆく。右手には明治二十七年に完成した平安神宮の大鳥居がそびえている。

慶流橋をくぐってまもなく右折して北進、二条《にじょう》橋と冷泉《れいぜい》橋をくぐってこんどは左折して西へむかい、徳成橋と熊野橋をくぐってから鴨川の東岸に達して、その先は鴨川運河だ。

蹴上から鴨川まで、疏水の本線は岡崎とよばれる地をながれる。疏水の水路はジグザグに曲がりながら岡崎を通過する。このことに注目する必要がある。

疏水をつくっていた時期、岡崎のあたりは農地であり、人家はまばらであった。用地の買収は容易であったのだ。それにもかかわらず、あえてジグザグにした——なぜであったか。

田辺朔郎の回想に、こういう発言がある。蹴上から鴨川にいたる水路の幅について質問されたのに答えて、田辺はいうのである。

「はじめは二十間にしようという考えであったのです。とにかく京都というところは水がない。だからあそこを二十間にすれば相当、京都に、いい水の面が得られる。それをやろうと思ったのですが、そんな贅沢《ぜいたく》なものは要らんというので十間にしたのです」

桂川がある、鴨川がある、東山からながれて岡崎をぬけ、鴨川にはいる白川もある。他国のひとにいわせれば京都は水に恵まれていると思うはずだが、田辺にいわせると、「京都には水がない」のである。

鴨川や白川を無視しているのではないだろう。岡崎を疏水の通過地だけにすべきではない——こういう姿勢があったのだ。都市計画の一環としての「水の面」をかんがえていたのだ。

疏水が通るのを好機として、岡崎に「いい水の面」を創出する、その主役としての疏水の水路をかんがえた。人家がまばらな、いまのうちにこそ可能である。田辺は水路の幅を二十間にしようと主張した。「いい水の面」を創出するためにはとりあえず広さを確保しなければならない。だが、水路は船が通れば充分である、二十間の広さは無駄であるという意見をゆずらない役人がいたらしい。北垣知事も賛成してくれたはずだが、結局はおしきられ、十間になってしまった。

岡崎をジグザグに走る十間の幅の水路はなかなか見事な景観であるが、田辺にいわせれば「狭すぎる！」ということになる。北垣知事も賛成してくれたのだ、もう一歩おしておけば役人の壁を突破できたのにと、くやしがっているかもしれない。

さて、水路をジグザグに走らせた功績は北垣知事であるようだ。蹴上から鴨川東岸まで斜めに水路を通せばいいではないかという意見が出ていた。距離が短くなる、経費も節約される。人間というものは直角をつぎつぎに曲がらされるよりは、斜めにパーッと突っ切るのを好むはずだと、心理学にもとづいたかのような意見があったのだ。

北垣知事は真っ向から反対した。

「ここはいずれ市街化するのだから、都市計画的に整備していく必要があるんだ。そのとき、斜めの運河では不都合だろう」(織田直文『琵琶湖疏水』)

斜めか、直角か——北垣知事と役人の論争を田辺朔郎が知らなかったとは思われない。知事は水路の幅の問題では一歩をゆずったけれども、直角水路のことではゆずらずに頑張るはずだ——田辺は安心して観戦していたと想像される。

五章

京都なのに、なぜ「島津」製作所なのか

——気球、マネキン、レントゲン…… 多彩な商品

京都御苑
河原町丸太町
鴨川
神宮丸太町駅
春日上通
丸太町通
裁判所
竹屋町通
御所南小学校
銅駝美術工芸高校
京阪鴨東線
川端通
琵琶湖疏水
冷泉通
夷川通
御幸町通
寺町通
河原町通
ザ・リッツ・カールトン京都
二条通
二条通
日本銀行
島津創業記念資料館
押小路通
京都市役所
京都ホテルオークラ
仁王門通
御池通
地下鉄東西線
京都市役所前駅
木屋町通
姉小路通
三条京阪駅
三条通
三条駅
京阪本線
100m
N

江戸時代をひきずりながら、京都の科学工業をリードした会社

京都市役所の北、河原町《かわらまち》通の二条、ちかごろではあまり大きいとはいえないビルディングが島津製作所の建物である。

河原町通の東が京都ホテル・オークラ、木戸孝允《きどたかよし》（桂小五郎）の銅像が島津製作所をジロリとにらんでいるようにみえるが、木戸がにらんでいるのは島津ではなくて、島津の西、寺町二条の妙満《みょうまん》寺だったと思われる。

二〇〇二年のノーベル化学賞を受賞した田中耕一《たなかこういち》さんは島津製作所に研究者として在籍している。田中さんの受賞効果で島津製作所の売上が六パーセント増となった、といった新聞記事が出たこともある。

河原町の社屋の外側に、「ちかくに島津創業記念資料館があります。どうかご観覧ください」といった案内の言葉が読める。

島津の創業記念資料館は河原町通の東、木屋町二条下ルに、東をむいてたっている。これまた大きいとはいえぬ二階建て、質素というのがふさわしい建物、これが発足当時の島津製作所の工場と本社であった。

資料館の前にたつと、日本銀行京都支店が目のまえに聳《そび》えてみえる。日銀の左手に、日銀よりもさらに高く聳えているのが京都ホテル・オークラだ。この位置からは、日本銀行も京都ホテルも、裏側をみることになる。

京都ホテル・オークラの敷地には、明治維新までは長州藩の京屋敷がたっていた。長州屋敷がこの場になければ、島津製作所の創業記念資料館はこの場にはたてられなかったはずである。

島津製作所は江戸時代の京都をひきずりながら、近代京都の科学工業をリードしてきたといえる。

学問を世間にひろめることに情熱を傾けた男

近代京都の科学工業は、京都府の勧業方にはじまった。

勧業方は、政府から貸与された勧業基立金《もとだて》や天皇から下賜《かし》された産業基立金の一部を投下、運用する機関として物産引立会社を設立した。これは官営の会社である。

三井三郎助《さぶろうすけ》（三井家の京両替店の七代）・島田八郎右衛門（呉服・両替）・小野善《おのぜん》

創業の地の一角にたつ、島津製作所創業記念資料館

近くには桂《かつら》小五郎《こごろう》の銅像も

助《すけ》（呉服・両替）・下村正太郎《しもむらしょうたろう》（大丸《だいまる》本家の十代）の四人が物産引立会社の用掛に任命され、府の役人が出張して、市内の業者の営業を奨励し、監督し、資金貸与などの業務をおこなった。

河原町二条下ルの旧長州藩屋敷の跡地に勧業場をひらき、勧業方の役所もここに移転して、京都府の勧業政策遂行の総本部とした。長州藩の京屋敷は元治元年（一八六四）七月の蛤御門《はまぐりごもん》の変のとき、長州藩の京都留守居役の手によって火を点《つ》けられ、焼失したまま維新をむかえたのである。

長州藩を代表する政界の大物、木戸孝允を背景にして京都にのりこんできたのが長州出身の議政官史官補、槇村正直《まきむらまさなお》である。京都府権典事の職権にものをいわせ、槇村は旧長州藩の京屋敷の跡地を接収し、京都府の所有にした。

その槇村のまえにあらわれたのが明石博高《あかしひろあきら》という傑物である。

明石博高は四条堀川の蘭方医の家に生まれた。医学のほかに儒学、国学、佛教、中国の古方医学、物理学、解剖学、化学や製薬や測量など、あらゆる学問に通じた百科全書的な人物である。

多方面の学術を世間にひろめることに情熱を見出《みいだ》すのが明石の真骨頂といえた。はやくも幕末には、京都の医師仲間をあつめて医学研究会をつくり、煉真舎《れんしんしゃ》という名の会をつくって理学や薬学を組織的に研究していた。

明治二年、京都よりも先に大阪に舎《せい》密《み》局《きよく》ができると、とんでいって伝習生、助手として勤務した。「舎密」は「シェミー」「セーミ」と読み、「ケミストリィ——化学」の訳語である。

大阪舎密局の教授のひとりがハラタマという医師であった。ハラタマはかつて長崎の養生所の教授をしていたことがあり、京都駐在の会津藩の重役、山本覚馬《やまもとかくま》の眼を治療した医師ボードウィン（242ページ）と同僚だった。山本は失明してしまったのだが、維新のあとは京都府に出仕して、槇村正直の勧業政策を補佐していた。

明石博高を京都府に紹介したのは山本覚馬だろう。明石自身、専門の科学者としての道をすすむよりは、科学の社会化に強い関心をもっていた。明治三年に勧業掛になってから、ほぼ一貫して勧業政策の立案と施行の現場で勤務した。

勧業場はありとあらゆる項目の産業を起業した。最初に発足したのが勧業場とおなじく旧長州屋敷あとの舎密局であり、明石は舎密局の運営にちからを集中しつつ、ほかの部門も運営した。

舎密局の生徒を募集し、理化学の実際を教授し、薬物やレモナーデなどの飲料を製造し、舶来の飲食物を検査し、偽造偽薬の出現を防止することにつとめた。石鹸《せっけん》やアイスクリームをつくったのも舎密局である。

しばらくして、鴨川の西岸、二条上ルの旧角倉《すみのくら》屋敷の跡地に舎密局の分局をたてた。これは現在のザ・リッツ・カールトン京都の敷地である。さらに、夷《えびす》川通《がわどおり》の土手町の旧京極宮の別邸の跡地に本局をたて、製造と販売の手をひろげた。現在、本局の跡地には銅駝《どうだ》美術工芸高校がたてられている。

絹糸の精錬用には舎密局製の石鹸を使うべしと宣伝し、レモナーデを造って売った。陶磁器や七宝、ガラス、漂白粉、銀朱《ぎんしゅ》、写真などの技術を実験し、教授した。清水寺の奥山の湧き水をつかってビールをつくったのも舎密局である。

京都の若者の注目を集めたドイツ人博士の講義

京都の重要産業として筆頭の位置をしめるのは、染織と織物である。染と織の技術向上をめざして、技術伝習場と実験場を兼ねた染殿と織殿をたてた。染殿と織殿で技術をまなんだ職人は三千人にのぼったという。

明治八年には、官立の京都司薬場を舎密局のなかに設置することになり、政府のお雇い外国人ヘールツが東京から派遣されてきた。ヘールツは司薬場を統率するほか、舎密局の理化学の教授の役目を兼ねることになっている。

明石博高は、これを機会に舎密局の規模拡張にふみきった。明石が執筆した「京都府舎密局事業拡張告知文」は一読の価値がある（田中緑紅《たなかりよくこう》『明治文化と明石博高翁』）。

「舎密究理ノ学タル、万般ノ事業ニ関渉スル最大要件ニシテ……」にはじまり、強く激励する言葉で終わる。

「学ブベキトキニ学バザレバ、後ニ悔ユトモ及ブベカラズ。今ヤ文化ノ時イタレリ。人々モッテ学バズンバアルベカラズ。志学ノ輩、ソレ之レヲ勉励セヨ」

司薬場が京都舎密局の事業の柱となりかかったが、まもなく政府は司薬場を廃止し、ヘールツ教授を東京によびもどしてしまった。司薬場の廃止はともかく、理化学教授がいなくなったのは明石を困惑させた。

明石は八方に手をまわし、ドイツ人の化学博士ゴットフリード・ワグネルの存在を知った。

ワグネルは知人の石鹸製造に協力するために明治元年にドイツから長崎にきたのだが、知人の事業は計画だおれとなった。しかし、陶器について非常な興味をもっていたので日本残留を決意し、佐賀の陶器製造に技術協力することになった。これがワグネルと日本との関係のはじまりである。

東京にまねかれ、大学南校の教授となり、ウィーン万国博覧会の日本出店の御用掛をつとめた。アメリカのフィラデルフィアの万博では日本顧問をつとめたが、日本にもどってまもなく、政府の事業縮小のあおりで大学を免職になってしまった。

自由の身となって日本美術の研究をしていたワグネルに明石が注目し、京都府への出仕を勧誘した。明治十一年から京都府の雇いとなったワグネルのために、明石は舎密局の本局に化学校を設立し、生徒を募集して講義をはじめた。

長期にわたって在日しているワグネルは日本語が達者であった。得意な日本語を駆使するワグネルの授業が、京都の若者の関心をあつめた。（植田豊橘《うえだほうきつ》『ワグネル伝』）

島津源蔵《しまづげんぞう》もそのひとりであった。

島津源蔵の住まいは木屋町の二条下ル、つまり舎密局の建物群にはさまれたところにあった。

明石博高が格調も高くよびかけた文言は若き島津源蔵を刺激せずにはおかな

い。

「志学ノ輩、ソレ之レヲ勉励セヨ！」

日に日に評判が高くなる舎密局のワグネル教授、そして自宅のちかくにあった舎密局――これが島津製作所の母胎であった。

薩摩藩に「島津」姓を認めさせた事件

京都の醒《さめ》ケ井《い》の魚店《うおのたな》上ルというと、堀川の六条、西本願寺のちかくである。ここで三具足《みつぐそく》をはじめとする佛器をつくり、売っていた島津清兵衛という商人がいた。諸国から西本願寺に参拝にやってくる真宗の末寺の僧や信徒が清兵衛のお得意であったのだろう。

佛前にそなえる三種の器――香炉《こうろ》・花瓶《けびょう》・燭台《しょくだい》をまとめて三具足という。真《しん》鍮《ちゅう》の鋳物《いもの》、銅や金を叩《たた》き、削り、彫って佛具をつくる。金属加工の技術者であり、商人を兼ねる。

職人で商人の清兵衛が姓を名のるのは不思議ではないが、その姓が島津となると尋常ではない。

そろそろ幕末、政治の季節が近い。九州の薩摩の太守の島津家とおなじ姓を名のり、「○《まる》に十の字」の島津の家紋をつかっているからには、なにかしら子細があるにちがいなかった。

鎮守府《ちんじゅふ》将軍の源《みなもとの》頼信《よりのぶ》の三男、源頼季《よりすえ》が先祖であるという。頼季は信濃の高井郡の井上に住んで井上を家名とし、その末裔《まつえい》の井上惣兵衛《そうべえ》は姫路《ひめじ》の城主黒田《くろだ》家に仕え、明石に住んでいた。

薩摩の主の島津義弘《よしひろ》は関ヶ原合戦で徳川にやぶれた。敵陣を突破して伊勢から堺にのがれ、鹿児島めざして瀬戸内を帆走していた。おりから海上を暴風がおそい、義弘は難をのがれて明石に上陸、井上惣兵衛の手厚いもてなしをうけて、無事に鹿児島にもどった。

義弘は井上惣兵衛の厚恩にむくいるため、島津の姓と家紋の使用をゆるし、槍と刀をあたえたのだという。

井上家は姫路から筑前《ちくぜん》の黒崎《くろさき》にうつり、遠賀《おんが》郡に領地をあたえられた。惣兵衛からかぞえて九代目が太七、その子を利作といった。利作は田舎に埋もれるのを嫌って京都に出、三具足の製造販売を家業として清兵衛と名のった。（島津製作所『島津製作所史』）

清兵衛の次男を源蔵といい、天保十年（一八三九）の生まれである。父にまなんで銅や真鍮の器の製造技術を身につけ、万延元年（一八六〇）に父のもとを離れて独立し、木屋町二条上ルに分家の店をもった。源蔵が二十一歳のときである。

分家の源蔵の作品として知られているものが二点ある。千本閻魔堂《えんまどう》（引接寺《いんじようじ》）の巨大な鰐口《わにぐち》と、東福寺《とうふくじ》月輪堂の屋根の宝珠《ほうじゆ》である。閻魔堂の本堂のまえに鋳造場をこしらえて鰐口を鋳造したといわれる。また、奈良の南円堂の屋根にのぼって宝珠を実測し、その数値をもとにして東福寺月輪堂の宝珠をつくったのだという。

どちらも、室内で使う小型の佛具ではないところに注目すべきであろう。父が得意とした三具足は定型があって、定型にしたがってつくるものである。檀家の佛間や佛壇の閉鎖的な空間に置かれる三具足である。独創は要求されるにしても、定型を優先させたうえでの独創だ。

源蔵は、定型にしたがわねばならない佛具製造に見切りをつけたかったのだろう。明治初年の京都である、廃佛毀釈《はいぶつきしやく》の嵐が吹き荒れていた。佛教の前途は明るくない——そういう想いが、とりあえずは定型に強制されない佛具、屋外で人目にふれる佛具の製造に源蔵を走らせたのだとかんがえられる。

佛具をつくりながら、「化学」を学問する

源蔵が木屋町二条に独立の店をかまえてから九年、十年すると、となりの旧長州藩邸跡に勧業場ができて舎密局ができて、外国人が外国語をはなし、ピカピカ光る珍しい器械がすえつけられた。はじめて耳にする言葉と音響、みたこともない色の閃光《せんこう》が縦横に走る。京都に外国人があらわれるはずはない、あらわれるならこの世の終わりと思っていたのが、とんでもないことになった。

木屋町二条の店で、前途に不安を感じながらも佛具をつくっていた源蔵は、となりの舎密局でおこなわれていることが気にかかって仕方がない。

――もぐりこめないものか？

舎密局の助手というか自前の伝習生というか、身分は曖昧《あいまい》なままで、ともかくもワグネル教授の手伝いをするポストを手に入れた。

こまかいところは想像するしかないが、源蔵はワグネルの指示にしたがって、

多種類の製品の製造装置をつくったのだろう。

得意の金属加工はいうまでもない。ビールを醸造するのにガラス器具が必要だということになれば、ワグネルからおよその指示をうけて、そこへ自分の独創と発案をつけくわえて、ともかくも実際の役にたつガラス器具をつくってしまう。

ガラス器具をつくった経験が、そのつぎのワグネルの指示をうけて理解する速度と深度を高めるというふうに、いわば掛け算の効果が発生する。

ともかくも源蔵は舎密局のなかに自分のポストをつくった。佛具の製造販売と舎密局の助手のような伝習生のような二重の生活は楽しく、かつ、充実しきっているというほかに表現しようはなかったろう。

舎密局でまなんだことを、その日のうちに自分の店で実験できる。自分の店で発生した疑問を、舎密局でワグネルをはじめとする教授陣に問いただすことができる――このうえない環境ができあがった。

その源蔵の第二の興味というか関心というか、気になって仕方がないのは番組小学校である。

勧業場や舎密局より先に、京都の番組小学校が発足した。小学校発足のくわしい事情については二章を読んで参考にしてもらえばいいが、源蔵にとって小学校はどういうイメージでうけとられていたか？

――電気がどういうものか、器具をつかって小学校で教えている！

近代、文明といった目標にむかって小学校が京都という町をひっぱっている。京都をひっぱる主役の小学生たちは、いろいろの種類の舶来の器具をつかって電気や化学を教えられている。

源蔵の店に、小学校でつかって故障した化学器具の修理がもちこまれてくる。専門の知識のない源蔵でも修理できる程度の故障だ。依頼に応じて修理しているうちに、大きなヒントが浮かんだ。

――これくらいの器具なら、わしでも作れるのではないか！

京都の小学校は六十四校ではじまったが、いずれ全国には何千何万の小学校がたてられてゆくはずだ。それだけの数の小学校で必要とする化学教育の器具の数たるや、まさに天文学的なものであるはずだ。

学校で必要とされる化学の教育器具をつくる――島津製作所の将来は、源蔵が得たこのヒントのなかに姿をみせた。

気球を飛ばすことにも成功した

気密性の膜で袋をつくり、空気より比重の軽い気体を充塡《じゅうてん》すると空中にうかぶ——言葉で表現すると大層なものの印象になるが、なんていうことはない、気球である。

いまでこそ、なんていうことはない、などと気軽にいえるが、明治十一年の日本では驚天動地の事件であり、魔術をみている感じでもあったはずだ。

その気球が御苑の仙洞《せんとう》御所の庭からうちあげられた。明治十一年五月にひらかれた第七回京都博覧会の余興として、島津源蔵がつくった軽気球があげられたのである。

京都博覧会の発祥、その後の展開については三章を読んでいただけばいい。明治十一年の第七回博覧会は西南戦争の暗雲がとりはらわれた直後の開催とあって、多数の観衆がつめかけると予測された。

知事の槇村正直と舎密局の明石博高は、この博覧会で科学技術の必要性を宣伝し、ひいては舎密局の存在を全国にひろめる好機であるとかんがえた。

観衆の度肝をぬける企画はないか——というところから、島津源蔵に軽気球の製造が発注されたのだ。

槇村には——明石も同様であったはずだ——ひそかに期するところがあった。西南戦争のとき、政府軍はイギリス人の技師の指導をうけて軽気球をあげようとしたことがある。眺望《ちょうぼう》の利かない敵陣にむけて発射する銃砲の着弾の結果を知るには、上空の気球から観測すればいい。気球から射撃者に手旗信号などで着弾の状況を報告し、報告をうけた射手が照準を調整すれば命中率は高くなる。

だが、政府軍の気球は思うようにはあがらなかった。それを知っている槇村は、京都府の気球飛揚を成功させることで、政府にたいして溜飲《りゅういん》をさげたいわけだ。

島津源蔵は弱気の性格であったそうだ。重大な使命を背負うからには、ひとしお緊張したにちがいないが、ワグネルから伝授された知識をもとに試作にとりかかる。

いかにして軽くするか

伏見の酒造家から仕込用の大型の樽《たる》を買ってきて、水を満たして洗浄槽とした。洗浄槽のまわりを十個の四斗樽でぐるりと囲み、鉄屑を入れて希硫酸を注いだ。

水素ガスと硫酸の蒸気が発生する。真ん中の浄化槽に導入され、水をくぐるうちに硫酸蒸気は洗浄されて水素ガスだけが得られる。この水素ガスで気球をふくらませる。

気球の本体――巨大な袋の材料の選定にも苦労があった。なによりも軽く、丈夫なことがもとめられる。あれこれとテストした結果は羽二重《はぶたえ》が最適だとわかった。

羽二重を貼りあわせる材料として、はじめはコンニャク玉をすりつぶしてつかったが、重すぎるとわかった。苦心の結果、ダンマーゴムを荏油《じんゆ》（荏胡麻《えごま》の種子からとった油）に溶かしたものを塗ったところ、重量の難題はとりあえず解決された。

気球には人間をのせるわけだが、できるだけ体重の軽いひとがいい。源蔵と取引きのある三崎商店の店員で、小男として有名だった中田寅吉《なかたとらきち》に交渉して気球にのってもらうことになった。(『島津製作所史』)

博覧会より先に、実験と宣伝と営業をかねた興行がおこなわれた。明治十年十二月十三日、仙洞御所の庭には六十四の番組小学校と女紅場《によこうば》(女子教育の施設)の生徒が動員され、それぞれの校名を染め抜いた旗をかかげてやってきた。

大人は三銭、子供は一銭五厘の四万八千八百枚の観覧券はすべて売り切れていた。飛揚に成功すれば、遠くからでも気球はみえる。わざわざ観覧券を買う必要はないのだが、珍しいものを見たい心理とはそのようなものらしい。

槇村知事も興奮にほころぶ顔をみせ、ひるすぎ、中田寅吉をのせた気球は京都の冬空にゆっくりとのぼっていった。寅吉をのせての飛揚は四十メートルばかり、寅吉のかわりに人形をのせての飛揚は三百メートルの高度までのぼり、大成功をおさめた。

第七回の京都博覧会は十一年の五月、仙洞御所の庭で百日間にわたってひらかれた。呼び物はもちろん島津源蔵が製作し、昨年の暮れに実験飛揚に成功した気球である。

このときの実況を写した錦絵がある。画面左手に水素ガス発生装置があり、横《よこ》長《なが》の導管をつたって気球をふくらませている様子がよくわかる。気球のむこうには仙洞御所の築地塀、そのまた奥に御所の建物。錦絵には「軽気球――大日本新工風」の文字が躍《おど》る。(京都文化博物館『気球があがった』)

島津梅治郎の理想的な学習環境

木屋町二条の島津家に男の子がうまれた。明治二年(一八六九)である。男の子は梅治郎《うめじろう》と名づけられた。梅治郎は二代目の島津源蔵となる。

明治二年は京都の六十四校の番組小学校が誕生した年である。小学校と双子の関係の梅治郎だが、ものごころがつくと父の手伝いをさせられ、小学校でまなぶことはできなかった。

だが、小学校に勝《まさ》るとも劣らない学習の場があった。南から北から島津家をはさんで建っている勧業場、舎密局がそれだ。源蔵の子ということで自由に出入りできた舎密局で、梅治郎は理化学の最新式の器械と器具を手にとって学習した。

梅治郎が七歳のときにヘールツが着任し、十歳のときにワグネルが赴任してきて、十三歳のときまで舎密局で教授をしていた。ワグネルの手ほどきをうける少年梅治郎——英才教育という言葉を地でゆくような環境であった。

十歳から二年ほどは小学校に通うことができて、舎密局でうけた実際的な教養に、小学校の基本的な学問がかさなった。

島津家をめぐる地理的な環境はまさに京都府の文明開化をひっぱってゆく、エンジンのような様相を呈していた。

二条通の北に舎密局本局と分局があり、二条通をわたった木屋町に島津家、島津家の西には府営の織工場、そのまた南には勧業場があり、そのまた南が知事の槇村正直邸と府営の製靴工場、製靴工場から河原町通をはさんだ西側に京都府顧問の山本覚馬の屋敷があった。梅治郎の人脈と住まいは、まさに文明開化のセンターに位置していた。

学校に実験器具を売りこむ

学校歴史博物館に、教育器具の真空ポンプが展示されている。元明倫《もとめいりん》小学校、すなわち下京区第三番小学校の所蔵品で、明治十年前後に二代目の島津源蔵が製

気球の実験は大成功を収めた

作したものだと説明されている。明治十年というと二代目源蔵（梅治郎）はまだ九歳か十歳だから、初代の源蔵の製作品かもしれない。

排気器とも名づけられた教育器具の真空ポンプ――ポンプに付けられたハンドルを摑《つか》んで、上げ、下ろしをくりかえすと、ポンプに接続するガラスの筒のなかが真空になる。台のうえに筒を載せただけ、接着もなにもしていないのに、台から離せなくなる――こうして真空状態が体験できる。

学校教育の場に実験器具を売りこむ――初代源蔵の営業方針は二代目源蔵に正確に継承された。

島津製作所の最初の商品カタログであったのかどうかは不明だが、明治十五年六月づけの「理科器械目録表」がある。詳細な絵図によって紹介される製品の数は、この時点ですでに百種をこえていた。真空ポンプは五十三番の番号をつけて掲載されている。

この商品カタログは初代から二代目にゆずられる、単なる遺産目録ではない。「学校とともに進め」という、遺言なのである。

京都博覧会は京都博覧会会社によって連年にわたって開催されたが、これとは別に、政府による内国勧業博覧会もひらかれた。

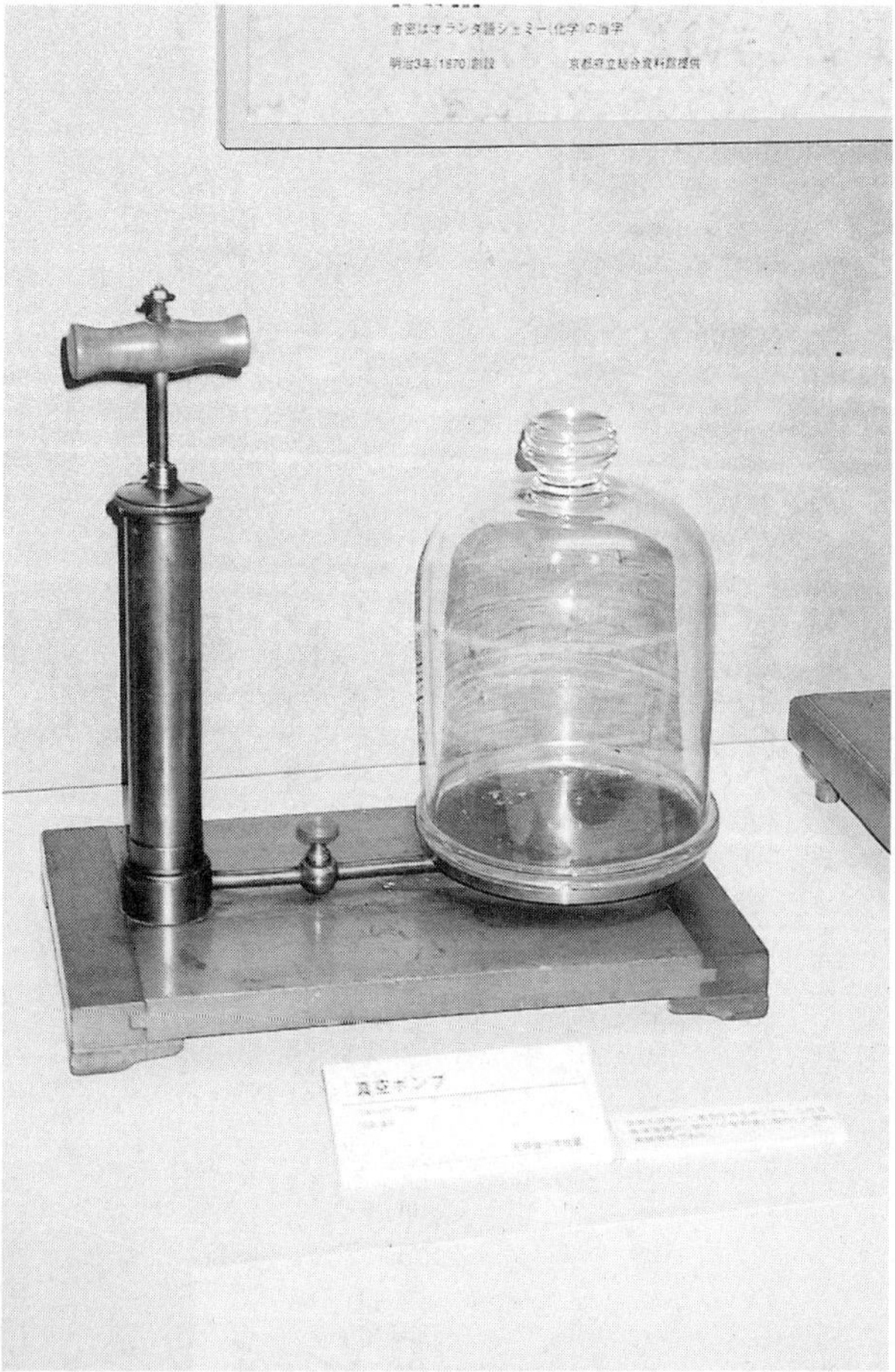

教育器具として作られた真空ポンプ

第一回の内国勧業博覧会は明治十年、東京でひらかれ、初代源蔵は医療用のブージ（拡張器・ゾンデ・細管）を錫《すず》でつくって出品、褒賞《ほうしょう》をうけた。

第二回の勧業博には蒸留器・排気機・マグデブルグ半球・落体試験管・アトウッド氏落体試験器械を出品し、蒸留器によって有功二等賞をうけた。

マグデブルグ半球――同形の二個の半球を密着し、なかの空気を抜いて真空にすると半球は離れなくなる。大気の圧力の強さを知る実験器具である。

真空ポンプもマグデブルグ半球も、本来なら目にみえない原理というものを目にみえるものとして提示する仕掛けである。実用品ではなくて、原理の具象化ということ、それだからこそ教育器具として活用される価値があった。

梅治郎は明治十七年、わずか十六歳で名を揚げた。一年まえ、イギリスでウィムシャースト式感応起電機が発明された。静電気を発生させる装置である。学校歴史博物館には、下京第三番組小学校の所蔵であった起電機が、初代源蔵のつくった真空ポンプとならんで展示されている。

梅治郎はウィムシャースト式感応起電機の実物をみて製作したわけではないらしい。舶来の書物の挿絵《さしえ》をみただけで作ったのだ。感応起電機のハンドルを摑んで回転させると電気が発生して、パチパチと音をあげ、火花を散らす。

梅治郎の感応起電機は「島津の電気」と呼ばれ、これから数十年ものあいだ、学校の理科実験の場でつかわれることになる。

「昨今、諸府県学校および商家より、該《こ》の電気の価幾何《いくばく》なるやの御尋問、陸続とこれあり候につき、すなわち左に代価を掲ぐ。並等十五円、中等十五円以上三十円まで。上等三十円以上六十円まで。すでに製造の分は悉皆《しっかい》売れきれ、目下種々調整ちゅうにつき、この段あわせて広告つかまつり候」

明治十九年、源蔵がみずから創刊した雑誌『理化学的　工芸雑誌』に掲載した記事である。「該の電気」という書き方でわかるように、感応起電機とはいわず、「電気」といえば島津の感応起電機を指していたのだ。ほかに類似品がないのだから、まちがえられることはない。

マネキン人形、発祥の地・京都

源蔵は京都府師範学校の金工科の教師になった。明治十九年（一八八六）のことである。つぎの年に梅治郎が父にかわって教師になり、二十五年まで授業した。

梅治郎の講義はわかりやすいと評判され、鹿児島の造士館《ぞうしかん》中学で講演したのがきっかけになって、あちこちから招かれて講演をする名士ともなった。

「普通教育さえ受くるあたわざりし一幼童は、ひたすら自家の力量研究により て、すでに居然たる理化学器械製作の名家となりぬ」(『島津製作所史』)

島津源蔵は明治二十八年、五十六歳で亡くなった。二十六歳の梅治郎が二代目源蔵を名のった。弟の源吉は十八歳、常三郎は十二歳であった。

二代源蔵が最初に起こした新事業は標本である。人体標本をはじめ、動物や鳥の剝製《はくせい》をつぎつぎと造って学校に納入した。後年、標本事業から派生したのが、服装業界に歓迎されたマネキン人形である。フランスから輸入したマネキンの修理が物産館(丸物《まるぶつ》百貨店)からもちこまれたのをきっかけに、島津製作所が独自のマネキンをつくることになった。京都がマネキン人形の発祥地になった背景がここにある。

二代源蔵が事業をひきついだとき、財政はかならずしも好調ではなかった。源蔵自身、「父は技能を授けてくれたが借金も残してくれた」と語ったことがある。だが、相続した翌年、エックス線写真の撮影に成功したのが事業の安定、拡大の道をひらいてくれた。

次々と新しい器械を製造した初代・島津源蔵
（島津製作所創業記念資料館敷地内）

はじめは教育器具としてエックス線装置を開発したが、すこしずつ能力を強化して、医療用の大型装置をつくることに成功したのは明治四十二年になってのことだ。それからというもの、医療現場でエックス線、レントゲン装置といえば島津製作所の独擅場《どくせんじょう》の時代がつづく。

日露戦争で重要な役割を果たした島津製作所の蓄電池

エックス線とならんで、島津のもうひとつの強力な製品となったのが蓄電池である。

源蔵が蓄電池の原理と製作を知ったのは明治二十八年、父から事業をうけついだのと同時であったという。同志社《どうししゃ》教授のジェーンズから譲りうけた『自然科学』（デスチャネル著）と『実験的科学』（ホプキンズ著）を参考にして、まず蓄電池の極板をつくろうと奮闘をはじめた。

極板づくりの苦心が京都帝国大学理工科大学につたわり、大学から感応コイルの電源に使う蓄電池をつくれないかと交渉があった。京大から外国製電池を見本として借りいれ、極板一枚で容量10アンペアの電池をつくって納入した。明治三

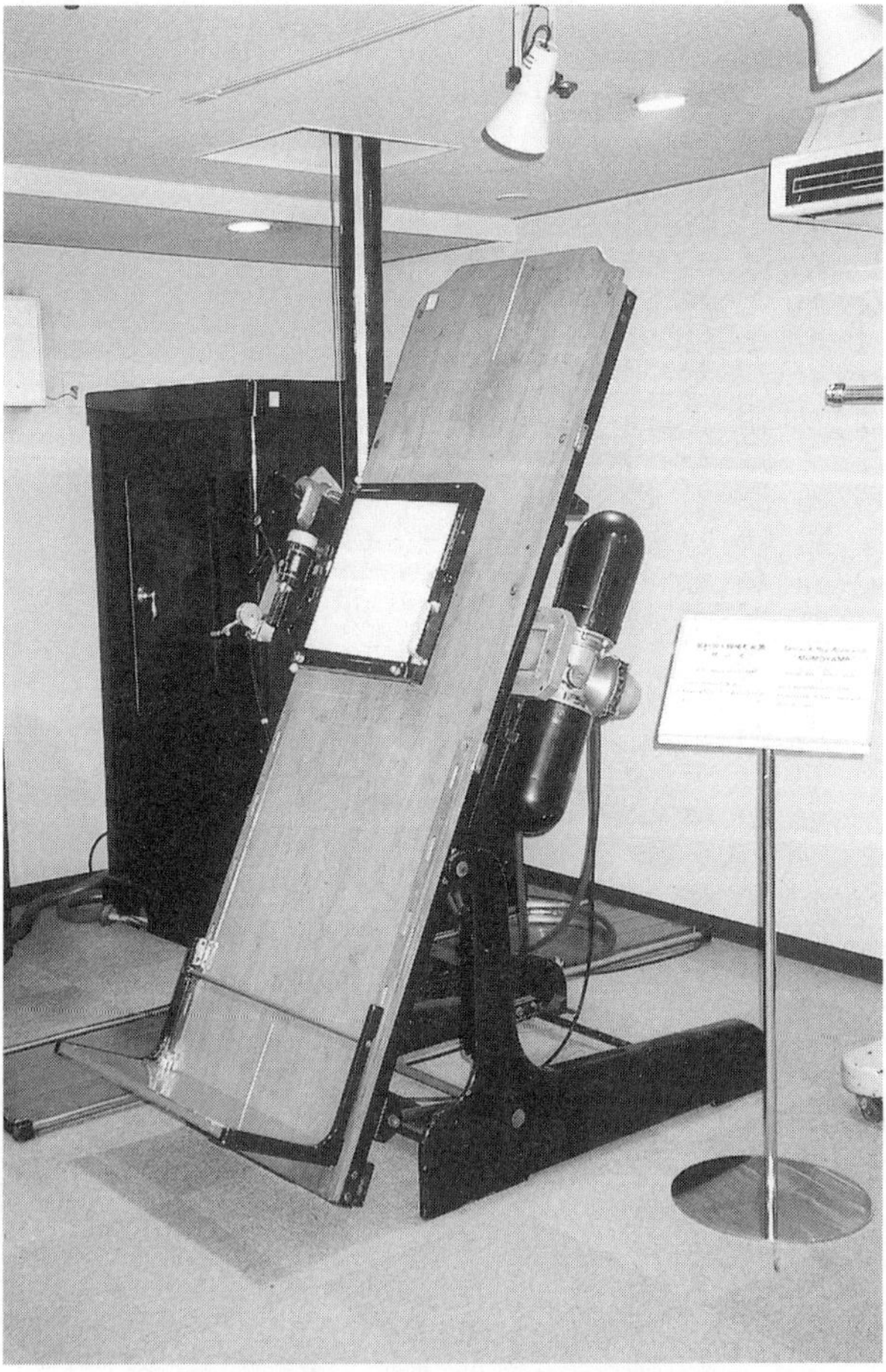

昭和10年ごろにつくられたX線装置

十年のことであった。

蓄電池の需要は急増するとみた源蔵は改良に改良をかさね、クロライド式150アンペアの電池を開発して自家実験用の予備電源としてつかうまでになっていた。

明治三十七年の日露戦争勃発の直前、このクロライド式電池が海軍によって買い上げられた。源蔵の弟の源吉の思い出によると、三十七年二月三日に源吉の結婚式がおこなわれた。披露宴の式場に富士山の形のイルミネーションを飾り、クロライド電池をつかって点灯した。つぎの日、京大の難波正教授と海軍の技師の木村駿吉、助手の田子正次の三人がやってきて、昨日の結婚式でつかった電池を海軍にゆずってほしいという。すぐに荷造りして納品したのが二月六日、巡洋艦和泉《いずみ》に搭載された源蔵の電池が大活躍をしたのが二月二十七日である。

日本海軍の艦隊は、世界最強と噂されていたロシアのバルチック艦隊と対戦する。戦闘は日本海にきまっているが、バルチック艦隊が宗谷《そうや》海峡から来るのか、津軽《つがる》海峡か、はたまた朝鮮海峡か、それがわからない不安に苛《さいな》まれていた。

一秒でも早くバルチック艦隊の航路を察知し、その前途をさえぎる位置に日本艦隊を布陣させなければならない。

二十七日、五島列島の沖を哨戒《しょうかい》していた信濃《しなの》丸がバルチック艦隊を発見し、連合艦隊にむけて「敵艦見ゆ！」の無線信号を発した。

しかし――電池が弱かったのか――信濃丸の信号は連合艦隊の旗艦の三笠《みかさ》には受信されなかった。そのままならば、バルチック艦隊は日本海軍に捕捉されないまま、軍港の旅順《りょじゅん》に入港してしまう。そうなると、日本海軍は緒戦から苦戦を強《し》いられる。

だが、信濃丸の近くにいた和泉が警報を受信したのである。和泉はバルチック艦隊に接近し、砲撃を回避しながら敵艦隊を構成する軍艦の艦名、陣形、進路、速力などを三笠に報告した。

島津から納入したクロライド電池が威力を発揮した。和泉からの無線電信によって敵艦隊の様子を、あらかじめ詳細に把握《はあく》していたから、日本海海戦は日本側に有利に展開したのである。

エックス線装置とともに蓄電池は島津製作所の二本の柱となった。明治四十一年に電池の商品名を「GS――ジーエスバッテリイ」とした。「島津源蔵――ゲンゾウ・シマヅ――GS」である。

大正六年（一九一七）、電池部門は別会社の日本電池株式会社として発足した。

六章

平安神宮の場所は、いかにして決まったか

――遷都千百年を記念する一大イベント

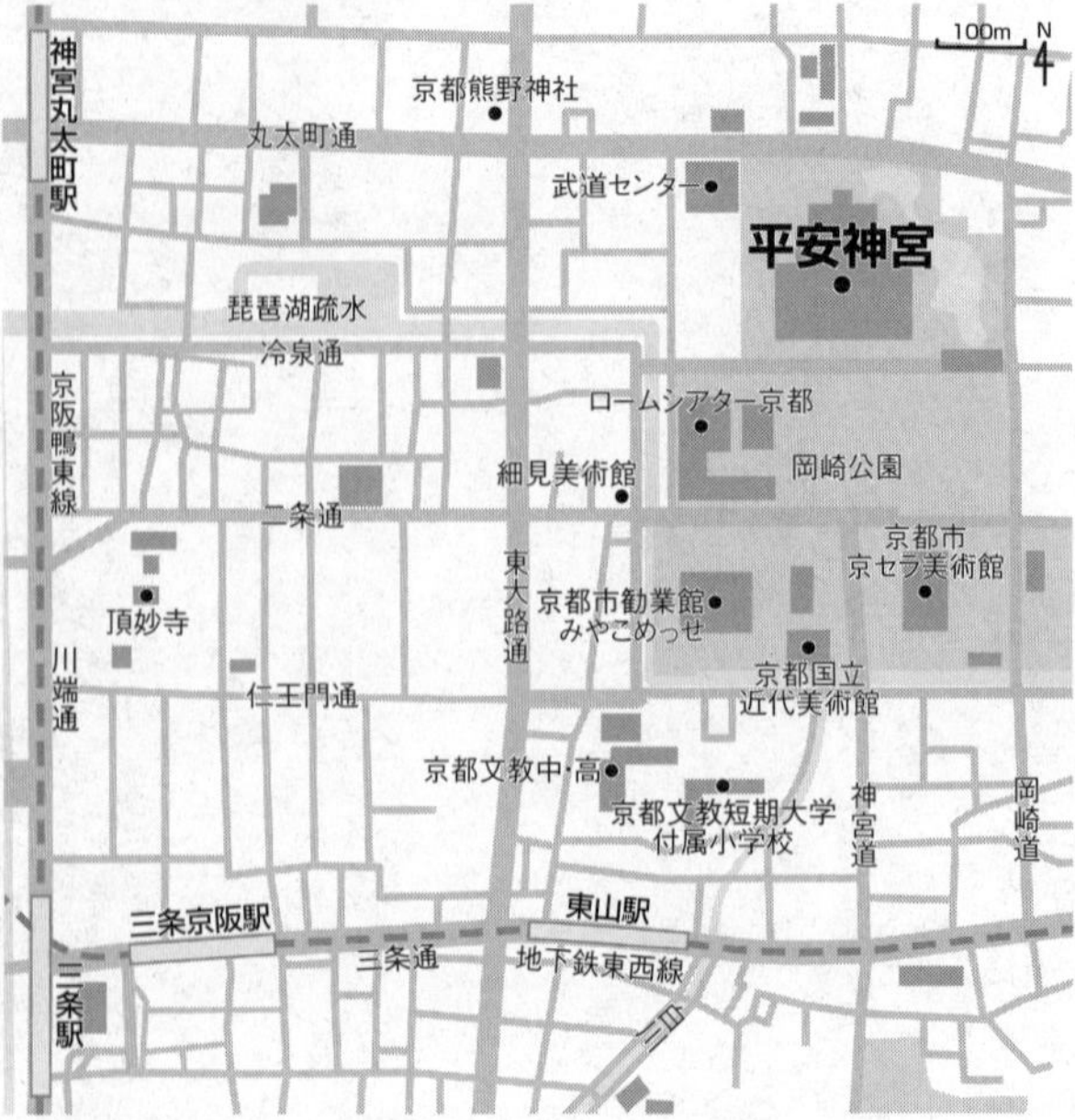

100m
N
神宮丸太町駅
京都熊野神社
丸太町通
武道センター
平安神宮
琵琶湖疏水
冷泉通
京阪鴨東線
ロームシアター京都
岡崎公園
細見美術館
二条通
京都市
京セラ美術館
東大路通
京都市勧業館
みやこめっせ
頂妙寺
京都国立
近代美術館
川端通
仁王門通
京都文教中・高
京都文教短期大学
付属小学校
神宮道
岡崎道
三条京阪駅
東山駅
三条通
地下鉄東西線
三条駅

平安神宮をたてた京都〝市民〟

平安神宮に参拝することはあっても、水と樹々の美しい神苑をながめて楽しむ余裕のない時期があった。第二次世界大戦のあいだのことである。

敗戦のあとしばらくして、平安神宮の神苑の美しさを思いださせてくれたのは谷崎潤一郎《たにざきじゅんいちろう》の『細雪《ささめゆき》』であったといっていいだろう。戦前から雑誌に連載されていたが、戦争激化とともに中断され、戦後三年目に完成した。

主人公たち――鶴子・幸子・悦子・雪子・妙子そして貞之助――が神苑の桜によせる想いは尋常ではない。

「彼女たちがいつも平安神宮行きを最後の日に残して置くのは、この神苑の花が洛中に於《お》ける最も美しい、最も見事な花であるからで、圓山《まるやま》公園の枝垂《しだれ》桜が既に年老い、年々色褪《あ》せて行く今日では、まことにここの花を措《お》いて京洛の春を代表するものはないといってよい」

神苑に一歩ふみいれた、その瞬間、かれらは「あー」と感嘆の声をあげる。平安神宮をおとずれ、神苑にふみいる多くのひとは『細雪』の感動をそのままもちこんだはずだ。

平安神宮をたてたのは京都市民だ。

皇室や政府、京都府からの資金や政策の援助はあったが、京都市民の自力建設が基本であり、ここにいろいろのかたちの援助がかさなって平安神宮がうまれた。

さて、ここでは、「京都市民」という言葉は二重の意味でつかっている。京都市という自治体の住民としての「京都市民」ということと、もうひとつは、都市の住民の自立した状況を強調評価して「市民」と総括的に表現する、あの市民である。

簡単なことをわざわざ複雑にしている——そんな印象をもたれるかもしれないが、平安神宮の誕生のいきさつをかんがえるには、「市民」という言葉の二重の意味をかんがえるのは必要で、有効だ。

京都を「西京《さいきょう》」と呼ぶ心理

明治二十二年（一八八九）、全国に市制が布《し》かれた。おもな都市は「〇〇市」として自治権をあたえられて行使し、国政の一部を代執行する。

だが、京都・大阪・東京の三市については「市制特例」が適用されることになった。簡単にいうと、三市の自治権は大幅に制限されて、京都市の市長は置かれないまま、京都府知事が市長を代行し、京都府庁のなかで京都市の政務を執行するのである。国の出先機関の京都府が自治体の京都市を、上からおさえつけて行政をおこなうわけだ。

市制が施行されれば議会が誕生し、市長や議員の選挙がおこなわれて自治政治がスタートするとばかり思っていた京都市民は不満をいだいた。大阪市民の代表をさそって東京へ陳情団をおくったが、政府の堅い決意をやぶることはできない。

京都府知事の北垣国道《きたがきくにみち》が京都市長の職を代行するかたちで京都市の変則的な自治行政がはじまった。市長のいない市――なんとも奇妙な次第だが、政府からおしつけられたのである、仕方がない。

このころの京都人は鬱屈《うっくつ》した想いをもっていた。いや、もたされていたというのが正しいだろうか、天皇と政府を江戸——東京にうばわれ、なにごとも東京の下位におさえつけられる悔しい想いである。

たとえばこのころ、京都を「西京《さいきょう》」と表現することがあった。東京にたいして西京というのだが、東京の場合は「江戸を東京と改称する」「江戸城を皇居として東京城と改称する」と決定され、公告された法的な根拠がある。

ところが西京という言葉は、いつ、だれいうとなくいいだされたことであり、法的な根拠はない。いいだしたのは東京関係者だろうと推測されるだけだ。

天皇と政府が移ってきたから江戸は「東の京——東京」となった。にもかかわらず、天皇も政府もない京都をいつまでも京都とよぶのは理屈にあわない。しかし、都として長い歴史をもっているのは事実だから、「古い都」の意味をふくませて西京とよんでやろう——このあたりに真相がある。

東京には跳躍《ちょうやく》の感じ、西京には凋落《ちょうらく》の印象がある。西京とよばれることに嫌悪の想いをいだく京都人が多かったが、そのうちに、みずから西京とよぶ空気も濃くなってきた。

丹塗りの華やかな門・応天門《おうてんもん》

京都の人名録として刊行されてきた『平安人物雑誌』は慶応三年（一八六七）の版を最後として、明治十二年には『西京人物誌』のタイトルで刊行されたのである。京都の各界の重要人物を列記、紹介する書のタイトルになったからには、西京は京都に代わる正式名称となった感じさえする。

明治四年に大阪―京都間に電気鉄道を走らせる計画のもとに設立された会社は、西京鉄道とよばれた。十二年の京都博覧会のオプションの都踊のメイン・テーマは「西京八景」と題されていた。戦後の昭和二十四年には、府立の農学校を母胎とする京都府立西京大学が誕生したこともあった。十年後に府立大学と名称が変わるのだが、これなど、西京にこだわりすぎの感じもする。

明治の四、五年から二十年代のなかばにかけて、京都は西京という名称に翻弄《ほんろう》された。翻弄されたというのが適当でなければ、こだわりすぎた。天皇を失った痛手を、どうやって癒《いや》すのか、この問題に足をとられていたのである。

そこへ登場したのが、平安神宮を設立しようという掛け声であった。

平安遷都千百年の記念祭をおこなおう！

平安神宮設立の刺激となったのは橿原《かしはら》神宮であったろう。奈良県の橿原市に橿原神宮が建設されたのは明治二十三年（一八九〇）である。祭神は神武《じんむ》天皇と媛《ひめ》蹈鞴《たたら》五十鈴《いすず》媛《ひめ》。

さてそこで、橿原が神武天皇をいうならば京都は桓武《かんむ》天皇をいうぞ、ということになった。きたる明治二十七年（一八九四）が桓武天皇の平安遷都千百年にあたることはわかっている、大きな事業をやるチャンスではないか！

遷都千百年の紀念祭をおこなう計画がうまれた。京都実業協会が決議し、京都商工会議所と京都市の参事会あてに建議された。京都市の参事会の政務をおこなっているのは京都府知事の北垣国道である。

内貴甚三郎《ないきじんざぶろう》を委員長とする紀念祭委員会が発足した。内貴のほか、浜岡光哲《はまおかこうてつ》・中村栄助《なかむらえいすけ》・久世通章《くぜみちふみ》が委員にえらばれた。

委員会が各界にはたらきかけ、大規模な紀念祭協賛会がつくられた。この協賛会が紀念祭を主催するはずだ。協賛会の初代総裁には有栖川宮熾仁《ありすがわのみやたるひと》親王、二代目には小松宮彰仁親王《こまつのみやあきひと》が就任する。会長は公爵の近衛篤麿《このえあつまろ》、副会長が伯爵の佐《さ》野常民《のつねたみ》である。

ここに、政府が主催する第四回の内国勧業博覧会の計画が発表され、京都の紀念祭協賛会を大いに刺激したのである。内国勧業博覧会までの歴史を簡単にふりかえってみる。

在任期間一ヵ月の大臣が決めた京都誘致

日本政府は明治六年（一八七三）のウィーン万国博に参加した。参加、出品の実務をおこなったのは博覧会事務局である。事務局副総裁の佐野常民は二年後に長文の報告書をつくり、政府主催の内国勧業博覧会を東京でひらくべきだと力説した。慶応三年（一八六七）のパリ万博では幕府と薩摩が鎬《しのぎ》をけずったが、佐賀藩も参加していた。あのときの佐賀代表が佐野常民である。パリ万博で佐賀藩の責任者をつとめ、つづいてウィーン万博の政府の副総裁をつとめたことで、佐野といえば万博が連想されるほどになっていた。

佐野の意見書には東京の上野に博物館をたて、付設する建物を博覧会の会場とし、博覧会が終了したあとは工芸や美術の常設の博物館として、地方の博物館と連携して諸工芸をそだてる機関とする、といったことがのべられていた。

佐野の意見書は内務卿の大久保利通《おおくぼとしみち》を刺激した。大久保は勧業政策の一環として博覧会をひらくことを決意し、みずから総裁に就任した。明治十年八月から十一月まで、上野の寛永寺《かんえいじ》の旧本坊跡の会場でひらかれた第一回の内国勧業博覧会は四十五万四千人の観客をあつめ、成功した。西南戦争が終わったのも、博覧会の盛況に拍車をかけたと思われる。

政府は内国勧業博覧会を定期的にひらく計画をたてた。第二回は明治十四年、東京の上野、第三回はやはり上野で明治二十三年にひらかれた。アメリカから輸入された電車が会場のなかを走って、評判をとった。

第四回は明治二十七年の予定だったが、前の年の二十六年に、アメリカのシカゴでコロンブス記念と銘打った万国博がひらかれることになった。シカゴ博覧会との重複をさけるために政府は第四回内国勧業博覧会を二十八年の開催としたが、そこへ、すでに平安遷都千百年紀念祭の開催を決定していた京都から猛烈な誘致の運動がかかった。

第四回の内国勧業博覧会を京都に誘致する案は、京都実業協会で遷都紀念祭が検討されたときから、並行して検討されていた。実業協会の決議は京都市会にもちこまれ、市会はもちろん、京都商業会議所も誘致を決定して、政府にはたらきかけた。紀念祭は二十七年におこなうはずだったが、勧業博覧会の延期にあわせて計画を変更し、二十八年の開催とした。なにがなんでも勧業博覧会を誘致するという強い意思にもとづく変更である。

大阪でも盛んな誘致運動がはじまり、京都と大阪がはげしい誘致合戦をくりひろげるのである。

京都商業会議所から第一次松方内閣の大蔵省と農商務省に勧業博の誘致が申請されたのは二十五年五月三十一日である。このときの農商務大臣は就任二ヵ月目の河野敏鎌《こうのとがま》だが、七月十四日づけで河野から佐野常民に交替した。それから一ヵ月もしない八月三日づけで佐野大臣は第四回勧業博の京都開会を決定して京都府あてに通知し、八月八日には農商務大臣は佐野から土佐出身の後藤象二郎《ごとうしょうじろう》に交替した。

佐野の農商務大臣在任は一ヵ月にもならない。まるで、勧業博の京都誘致に承諾をあたえるだけが目的の大臣就任であったようにみえる。いいかえれば、内国勧業博や、勧業博を誘致したうえで並行してひらかれる平安遷都千百年紀念祭の大事業たるゆえんが、ここに示されているわけだ。

佐野常民は平安遷都千百年紀念祭協賛会の副委員長に就任する。会長は近衛篤麿だが、これは名誉職であり、実質的な運営は副会長の佐野がおこなうのである。

巨額の資金は募金でまかなう

政府主催の第四回内国勧業博覧会は明治二十八年に京都の岡崎でひらかれ、第五回は大阪開催ときまった。

平安遷都千百年紀念祭は勧業博と並行し、おなじく岡崎でひらかれることになった。

勧業博は過去三回の経験に新企画をつけくわえればいい。主催は前三回とおなじく政府であり、強力このうえない。

たいして、遷都紀念祭はすべてがゼロからの出発である。「なにを」「どのように」「だれが」といった項目をゼロから組織してゆかねばならない。

会場となる岡崎、ここを選定したのは政府ではなく、京都関係者だ。岡崎の南端、東山の麓《ふもと》にちかい蹴上《けあげ》では琵琶湖疏水が完成にちかづき、水力発電がはじまっていた。北垣知事が「曲線はだめだ、直線でゆく」と強力に指示した疏水本線の運河、その北側の一帯が勧業博と紀念祭の会場になる。

協賛会が発足したころ、紀念祭のおおまかな計画はできあがっていた。紀念祭をおこなう場所を新しく建設しようという計画だ。紀念祭の構想の大体もできあがっていた。(平安神宮百年史編纂委員会『平安神宮百年史』)

①平安京の大極殿《だいごくでん》の模型をつくる。
②大内裏《だいだいり》の絵図をつくる。
③京都全体の絵図をつくる。
④大極殿の模型の背後に一棟の社殿をつくり、これを平安社と呼ぶ。

はじめは「平安社をつくる」との構想であったが、次第に性格が変わってきた。桓武天皇を祭神とする正式な神社を、社格の高い官幣《かんぺい》大社としての平安神宮をたてることになった。その結果が現在の平安神宮である。

計画はできたが、巨額の資金が必要となるのはわかっている。かなり早いうちから政府は内々に、京都の紀念祭の予算を低額にするようにと指示していた。清《しん》国との戦争が不可避になっている状況からして多額の公金は補助できないうえに、橿原神宮をたてたときの経験からして、一般からの募金も多額は期待できないとわかっていた。

しかし、京都の協賛会は一般からの募金の見込みについては強気であった。京都市民が紀念祭に寄せる期待の大きさは橿原神宮の経験を凌駕《りようが》するものがあるとの自信にあふれていたのである。協賛会は政府の危惧《きぐ》をはねのける勢いで、寄付金募集にのりだした。

京都と東京で寄付金募集の手順がきめられた。京都で協議したのは京都府知事の千田貞暁《せんださだあき》をはじめ、内貴甚三郎や浜岡光哲、中村栄助などの協賛会の幹事たちである。京都府の知事は北垣国道から千田貞暁に交替したばかりだ。東京では協賛会の近衛会長、佐野副会長など、これに内閣総理大臣の伊藤博文や内務大臣の井上馨、農商務大臣の後藤象二郎などがくわわる豪華メンバーだ。

千田京都府知事が京都の有力商人五十人ばかりを招いて寄付を募《つの》ったところ、即座に一万円があつまり、幸先のよい出発となった。京都府や協賛会の主催で寄付金募集の集会が頻繁にひらかれ、そのたびに多額の寄付金が寄せられた。

寄付金を拠出すると協賛会の会員になれる――これが寄付事業の柱である。十円以上が本会員、二円以上十円までを準会員としてむかえる。その後、寄付金額に関係なく、功労者にたいする賞牌《しょうはい》――メダルの贈呈と、十円以下の寄付者にたいして参拝章を贈呈する規定もきまった。

賞牌や参拝章を贈られた者にはつぎの特典が付加した。

①紀念祭式場、つまり平安神宮の龍尾壇《りゅうびだん》にあがって参拝することをゆるされ、お神酒《みき》をいただき、紀念の杯を授与される。(平安神宮の応天門をくぐると内庭に出るが、その奥の、一段と高い内庭が龍尾壇である)

②「京都名勝案内記」を贈呈される。

③汽車・船便の運賃が割り引きになる。

歌舞伎役者たちも寄付金あつめに協力した

協賛会の役員や会員も奮闘したが、歌舞伎役者も寄付金あつめに多大の協力を惜しまなかった。遷都紀念祭をもりあげるチャリティーショーをおこなったのだ。

東京・大坂・京都でチャリティーショー「大極殿勧進帳」が上演された。市川《いちかわ》団十郎《だんじゆうろう》や片岡我當《かたおかがとう》が弁慶に扮し、安宅関《あたかのせき》で勧進帳《かんじんちょう》を読みあげる。

本物の芝居で弁慶が読みあげる勧進帳は奈良の東大寺《とうだいじ》の再建費用をあつめる勧進だが、チャリティーショーの安宅関では平安遷都千百年紀念祭への寄付をよびかける文書、すなわち「大極殿勧進帳」が朗々と読みあげられたのである。拍手喝采《かっさい》のうちに、寄付金を手にした観客が受付台に押し寄せた。織物業者の川島甚兵衛は、チャリティー歌舞伎をもりあげるために特別の引幕をつくって協賛会に寄贈した。

近衛会長の権威は、全国の知事四十四名を東京にあつめるところで充分に発揮された。帝国ホテルに招集された知事たちは、近衛会長から、遷都紀念祭の寄付金募集事業に積極的に協力することをもとめられた。

協賛会の総収入は三十八万七千円であったが、このうちの二十九万六千円が寄付金だったのである。寄付者の総数は四万八千人だから、ひとり平均六円を寄付した計算になる。寄付金総額は予想の三倍にちかいものであった。(『平安神宮百年史』)

話題を集めた電車とヌード

寄付金あつめに並行して、岡崎に紀念祭と勧業博覧会の施設がつくられる。

このころの岡崎はほとんどが畑地で、人家も少なかった。しかし、琵琶湖疏水の事業が完成にちかづき、水力発電もはじまって、岡崎は着実に〈近代〉の色に染められつつあった。岡崎を主体にしていうと、琵琶湖疏水工事の延長が紀念祭と勧業博覧会である、といった見方もできる。

蹴上のインクラインを落下した疏水の水は南禅寺まえの船溜から真っ直ぐに西へむかったあと、北へ直角に、また直角に西に曲がって鴨川にちかづく。かつて北垣知事が「疏水の運河は岡崎を直線で流れるように」と強く指示したのが、いま活《い》きてきた。というのは、もしも疏水運河が曲線で流れていたならば、もっぱら直線で構成される紀念祭と博覧会の会場施設と衝突して、美しい光景になるはずのものが醜悪になったにちがいないからだ。

疏水運河を南北につっきる小道があった。粟田口《あわたぐち》の青蓮院《しょうれんいん》のまえから三条通をこえて岡崎を突っ切り、吉田へつながる小道である。正式な名というものはなかったらしく、粟田口門前の道という通称がついていた。

この小道が岡崎をつっきる線が、紀念祭と勧業博の会場施設の南北の中心線として設定されたようだ。小橋は擬宝珠《ぎぼし》のついた堂々たる橋に改修され、慶流橋と命名された。琵琶湖疏水と遷都紀念祭をむすぶもの、それが慶流橋だということになる。擬宝珠には紀念祭を祝う言葉がきざまれた。

慶流橋をわたるとまず、勧業博覧会の広大な会場である。噴水の左右が売店、東の売店のそばに動物館がある。噴水の北の表門をくぐると園庭の四囲に工業館があり、さらにすすむと東（右）に器械館と水族館、西に農林館。あいだの大通路をぬけると盆栽の陳列所があり、右の奥に美術館がある。

盆栽陳列所の北の塀のあった位置は現在の冷泉《れいぜい》通、つまり平安神宮の応天門の位置に相当する。あらためていうと、勧業博覧会の施設の跡地が現在の「みやこめっせ」、府立図書館、国立近代美術館、京都市京セラ美術館、動物園、ロームシアター京都、岡崎公園、そして平安神宮の庭園にあたる。

第四回内国勧業博覧会は、この岡崎の会場でひらかれた。明治二十八年四月一日から七月三十一日までの会期の入場者は百十三万六千六百人、一ヵ月あたり二十八万人だ。このころの京都市の人口三十三万九千人にくらべれば、勧業博覧会の入場者の数の大きさがわかる。入場券は平日五銭、日曜十銭、土曜は三銭だった。天ぷら丼が四銭のころの平日入場券五銭は安かったのか。

疏水の運河では舟遊びが人気を呼んだ。夜には、すぐ近くの蹴上で発電された水力電気による電灯が灯され、琵琶湖疏水の威力が誇示された。

蹴上の電気を使って電車が走ったのも第四回内国博の呼び物になった。七条の停車場（いまの京都駅）から博覧会会場と疏水のほとりまで、約七キロメートルの軌道を電車が走り、観客をはこんだ。

もうひとつ、フランス帰りの洋画家、黒田清輝《くろだせいき》の裸体画作品「朝妝《ちょうしょう》」が出品され、話題をまいた。博覧会がひらかれるまえから出品の是非をめぐって論議がわきおこり、世論が沸騰《ふっとう》していた。作者の黒田が審査員の一員であったのも議論沸騰に拍車をかけた。

審査総長の久鬼隆一《くきりゅういち》が出品は「可」との断をくだしたので、博覧会にかけつけたひとびとは裸体画の美にはじめて触れた。

政府の予算と職員によって、これだけ大規模な勧業博覧会がひらかれたのだ。京都が自慢の京都博覧会は今年だけは中止になったにちがいない——その予想は外れている。博覧会の名称は避けたものの、春には時代品展覧会と銘打ち、秋には日本青年絵画共進会の名で開催し、合計十二万八千人の来場者があった。政府の勧業博のおよそ一割にあたる数である。京都博覧会会社の関係者はさぞかし胸をはったにちがいない。

議論が紛糾した平安神宮の場所

平安遷都千百年紀念祭と平安神宮との関係には複雑な側面もあった。千本通丸太町の西北のあたり一帯が平安京内裏の朝堂院《ちょうどういん》(大極殿)の跡地である。ここに規模を縮小した模造大極殿をたてて平安宮と呼び、紀念祭をおこなおうとの意見が出ていたからだ。

模造大極殿をたてる場としては、旧大極殿の跡地のほかに、御苑のなかが適当だとする意見もあり、計画が具体化していた勧業博覧会の会場の隣接地がよろしいという意見も出てきて、なかなかまとまりがつかなかった。

最終的に決着したのは二十七年である。岡崎の勧業博覧会の会場の北に模造の応天門と大極殿をたてて紀念祭をおこなう。模造大極殿の背後に神宮の本殿をたて、模造大極殿を拝殿とする。本殿と拝殿をあわせたものが平安神宮となる。

平安神宮および第四回内国博覧会の鳥瞰《ちょうかん》図が『平安神宮百年史』のグラビアとして掲載されている。前方に勧業博覧会の建物、後方に平安神宮の社殿がならぶ壮観が出現した。

模造大極殿の工事の立柱式は二十七年の四月、本殿の工事の立柱式は七月におこなわれた。すべての工事が終わったのは二十八年の三月である。桓武天皇の御《み》霊代《たましろ》をむかえ、鎮座する儀式がおこなわれ、いよいよ遷都千百年紀念祭がおこなわれる。

二十八年十月二十二日から二十四日にかけて平安遷都千百年紀念祭と紀念式がおこなわれた。延暦十三年（七九四）十月二十二日が長岡京から平安京に遷都された日である。桓武天皇を奉祭して徳にむくゆるのが紀念祭で、上下が相会して京の千百年を祝うのが紀念式である。

二十五日には時代行列がおこなわれた。いまでは平安神宮の時代祭と名が変わっている有名な行事は、平安遷都千百年の紀念祭の行事の一環としてはじまったのだ。

十一月六日から六日間、京都在住の戸主（世帯主）による参拝があった。京都を六区（六社）にわけて時代行列を分担することがきまり、一区に一日をあてたから六日間の戸主参拝となった。

八日には高齢者の参拝、十三日から五日間は紀念踊でもりあがった。それぞれ組や連中をつくり、市中を踊りながら平安神宮にくりこむ、それを待って見物する観衆もおびただしい数にのぼった。

時代行列は続行されることに

二十九年の四月、遷都千百年紀念祭の協賛会は解散した。このあとの平安神宮は神職によって運営される。

紀念祭は終わったが、平安神宮の祭礼としての時代行列は永続されるべきだという意見が強かった。じつは、紀念祭の準備がはじまったころから時代行列は永続を前提として計画がすすめられていたのである。

平安神宮の神苑と時代行列を運営、維持する組織をつくるべきだという意見が出され、支持を得て、紀念祭協賛会をひきつぐ性質の平安講社が結成されることになった。講社の社員を募集し、会費をあつめる業務をおこなう組織として平安協会がつくられた。

京都にかぎったことではないが、神社には氏子《うじこ》という存在があり、神社の所在地を中心とする氏子圏がある。京都では今宮・上下の御霊・北野・八坂・松尾・稲荷・藤森などの由緒の古い神社の氏子圏が成立していた。八坂と稲荷の氏子圏は五条通を境界とするといったように、古くから厳守されてきたしきたりもある。

そういう状況のなかに、平安神宮が新しく登場してきた。複数の神社の氏子になってはならないという掟《おきて》はないはずだが、だからといって、出費をともなうことでもある、多数の氏子の獲得は望めない。そこで、氏子とか氏子圏とかいったしきたりを超越するかたちの講社の組織が提案されたと思われる。

平安講社の組織と財源について、つぎのようにとりきめられた。一日につき一厘を一〇〇〇日間納入する者を正社員とし、一日につき一銭以上を一〇〇〇日間納める者を特別社員とする。じっさいには、一度に七〇銭を納めれば正社員、一度に七円を納めれば特別社員とし、縮緬《ちりめん》の旗と提燈《ちょうちん》をあたえる。

京都市を六区画に区分し、一区に平安講社の一社がつくられた。平安遷都から明治までの時代を六区分し、六社がそれぞれ一時代を担当し、その時代の風俗を行列に仕立てて参加する、それが時代行列である。

今も続く時代行列

戦前の平安神宮大極殿

現在の時代祭は維新勤王隊を先頭として、幕末志士列・徳川城使上洛列と時代をさかのぼるが、明治二十八年の第一回時代行列は前列・延暦文官参朝列・延暦武官参朝列・藤原公卿参朝列というように、時代に沿って行列が編成された。最後尾（第六列）は徳川城使上洛列である。

ある映画監督の少年時代の思い出

第一回のときからボランティアの参加があった。山国隊《やまぐにたい》と弓箭組《きゅうせんぐみ》が自主的な参加を希望し、列外の資格で行列に参加したのである。弓箭組はまもなく参加しなくなるが、山国隊はやがて時代行列の正式な参加組織となり、行列の先頭をすすむようになる。山国隊について説明しておこう。

丹波国の山国郷（現・京都市右京区京北）は桓武天皇の平安遷都のときに杣御《そま》料地に指定されて以来、皇室領であった。

明治の戊辰戦争のとき、山国郷の有志たちは山国隊という軍隊を自力で組織して官軍にくわわった。隊長の藤野斎《ふじのいつき》にひきいられた山国隊は北関東や江戸の戦場で旧幕府軍と戦って勝ち、戦死者を出して凱旋した。しかし、凱旋のあとには、従軍で生じた多額の負債の返済に苦闘する指導者の人生がつづく。（仲村研『山国隊』）

桓武天皇の遷都千百年の紀念祭がおこなわれる、平安神宮の祭礼行事に時代行列が編成され、京都市中を行列する――そうと知って山国隊のかつての隊員は奮い立った。関東に遠征して戦った隊員の多くが、いくらか歳はとったけれども、いまだ健在であったのだ。

時代行列に参加した山国隊は、一躍して人気の的になった。関東で戦った本物の将兵が参加していることが評判を呼んだのである。

だが、隊員がひとり、またひとりと世を去ってゆき、山国から京都へ出る費用の捻出に苦しむのがかさなって、大正八年（一九一九）を最後に、山国からの参加はなくなった。

京都市内の有志のひとたちが新・山国隊を結成し、本物の山国隊から鼓笛の吹き方や鉄砲の担ぎ方などをおしえてもらって時代祭行列に参加をつづけている。

こんなはなしがある。

山国隊の藤野隊長の息子はマキノ省三《しょうぞう》といい、京都の時代劇映画の基礎をつくった有名なプロデューサー、監督である。そのまた息子が雅弘《まさひろ》といって、おなじく有名な映画監督となる。わけがあって、省三も雅弘も藤野斎と生活を共にはできなかった。

雅弘がおさないころ、父の省三に背負われて時代祭の行列を見物にゆくのがつねであった。

先頭がちかづいてくると、省三は背中の雅弘に教えたそうだ。

「あれが、おじいさんの役や」


（マキノ雅弘『映画渡世　天の巻』）

七章

同志社大学は、なぜ京都にできたのか

——大学設立にかかわる二人の男の偶然の出会い

鞍馬口駅
上御霊神社
西園寺
上御霊前通
下鴨中通
下鴨本通
200m
N
河合神社
下鴨西通
賀茂川
阿弥陀寺
承天閣美術館
寺町通
十念寺
相国寺
本満寺
鴨川公園
叡山電鉄
叡山本線
出町柳駅
幸神社
今出川駅
同志社大学
桝形通
出町通
同志社女子大学
鴨川デルタ
出町柳駅
今出川通
賀茂大橋
河原町通
京都御苑
川端通
京阪鴨東線
地下鉄烏丸線
烏丸通
本禅寺
鴨川
京都御所

同志社大学の敷地の所有者だった男

大名の京屋敷や幕府の施設は敷地が広かった。だから、明治になると公共の施設に転用されたものが多い。幕府の京都守護職の役所は京都府庁、東町奉行所はNTT、越前《えちぜん》屋敷は国際ホテル、というように。

薩摩《さつま》藩の京屋敷ははじめ室町通四条下ルにあったが、やがて錦小路通東洞院東入ルにうつった。

幕末の文久二年（一八六二）、政情激化にそなえ、錦の屋敷はそのままに、相国寺《しょうこくじ》二本松と通称されていた地に新しい屋敷をかまえた。内裏のすぐ裏手、烏丸今出川の東北といえばわかりやすい。

その薩摩屋敷の跡地が、いまは同志社大学の敷地である。

ただし、薩摩屋敷からすぐ同志社になったわけではない。いったん、山本覚馬《やまもとかくま》という旧会津《あいづ》藩士の所有になり、山本から旧安中《あんなか》藩士の新島襄《にいじまじょう》にゆずられた。

新島襄が同志社の創立者である。

これだけなら因縁はない、不思議でもないが、鳥羽伏見《とばふしみ》の戦争のときに山本覚馬が薩摩藩の捕虜になり、囚人として薩摩屋敷に寝起きしていた事実があるのを知ると、因縁を感じざるをえない。

釈放された囚人が、かつて囚《とら》われていた建物と敷地を買い取って地主になっていた――めったにあるはなしではない。

山本覚馬は会津藩の砲術指南役、山本権八《ごんぱち》の長男として生まれた。本家は茶道役をつとめて百五十石をうけていたが、覚馬の生家の分家の山本家は六両三人扶持だというから、下級である。

藩校の日新館《にっしんかん》にまなぶうちに頭角をあらわし、江戸に出て佐久間象山《さくましょうざん》や江川《えがわ》太郎左衛門《たろうざえもん》に洋式砲術をまなんだ。勝海舟《かつかいしゅう》、吉田松陰《よしだしょういん》、橋本左内《はしもとさない》、河井継之助《かわいつぐのすけ》などの俊才は覚馬とともに象山の門下生である。江川塾では最新の砲術、着発弾についてまなんだ。

弟子の吉田松陰のアメリカ密航を示唆《しさ》した嫌疑で象山がとらわれたあと、覚馬は象山門下の先輩の勝海舟の塾で、オランダ語と砲術にみがきをかける。

海舟を通じて肥後《ひご》熊本の横井小楠《よこいしょうなん》の政論を知ったのが覚馬の宝物になる。小楠は攘夷か、しからずんば佐幕か、といった主義の対立を超越して、統一国家としての日本を展望していた。

レンガ造りの校舎が多い、同志社大学

正門近くにたつ「薩摩藩邸跡」の碑

海舟が長崎の海軍伝習所にはいり、江戸を去ったのをきっかけに、覚馬は会津にもどった。安政三年（一八五六）、二十八歳のときだ。

蘭学所の開設と兵制改革を進言したのが採用され、覚馬と南摩綱紀《なんまこうき》が教授になった。会津藩の指導者としての道に、山本覚馬は第一歩をしるした。

兵制を洋式に転換すべきだと主張するが、実現は遠い。保守派の抵抗はなかなか強硬であった。

〝会津の山本先生〟が開いた洋学所

彦根《ひこね》の井伊直弼《いいなおすけ》が幕府の大老となり、尊攘派を粛清した。安政《あんせい》の大獄《たいごく》である。

尊攘派は、江戸城に登城する井伊をまちうけて殺し、復讐した。万延元年（一八六〇）三月のことだ。

尊攘派は強くなり、朝廷を牛耳《ぎゅうじ》って、幕府にたいして政治改革を迫った。井伊をうしなって弱気の幕府は、聴かざるをえない。幕政改革が断行され、京都守護職が新設され、会津の松平容保《まつだいらかたもり》に白羽の矢がたった。

尊攘派が全盛の京都に大軍をひきいてのりこみ、尊攘派と対峙《たいじ》して治安を担当するのが守護職だ。生命の危険と藩の財政破綻《はたん》が予想された。賛否の議論が白熱したが、松平容保が断をくだして守護職を拝命することになった。

文久二年（一八六二）の暮れ、会津藩の主従は決死の覚悟を胸に、上京した。砲術指南役と日新館教授をかねる山本覚馬も、主君にしたがって上京した。

通称を黒谷《くろだに》、正しくは金戒光明寺《こんかいこうみょうじ》という浄土宗の本山を借りあげて宿舎とし、釜座下立売《かまんざしもだちうり》の守護職の役所で治安維持にあたる日々がはじまった。

浪士組を脱退した近藤勇《こんどういさみ》や土方歳三《ひじかたとしぞう》、芹沢鴨《せりざわかも》たちが会津藩の預かりとなって新選組と名のるのは、文久三年（一八六三）の春である。

在京藩士に砲術とオランダ語を教授する、それが山本覚馬の任務である。戦争になれば戦闘を指揮するわけだが、平時は教授職である。鴨川の荒神橋をわたったところの聖護院《しょうごいん》村に広い敷地をもとめて調練場とし、洋式軍隊の教練をおこなった。

これだけなら——砲術指南役だけの存在ならば——後年の山本覚馬はなかったかもしれない。覚馬にはもうひとつの面があった。洋学者の一面である。

オランダ語を窓口として西洋一般の文化を研究する、それを洋学と総称していた。軍事科学が中心であったが、この時期、軍事だけでは満足しない空気が強くなっていた。

〜上京するときまったとき、覚馬はひそかに期するところがあったのではないかとおもわれる。

——会津や江戸ではやれぬことが、京都なら可能かもしれぬ。

保守派の妨害も、京都では弱いはずだ。やれる、やるべきだと決意し、容保に進言した。

——洋学所をひらきましょう。日新館の京都分校です。会津藩士にかぎらず、のぞむ者はだれでも聴講にきてよろしいということにして……

容保が許可して、覚馬が主宰する会津藩の洋学所ができた。守護職役所にちかい、お寺を借りての開校であったようだ。

覚馬がおしえる政治、経済の学問を在京諸藩の藩士が聴講にくる。〈会津の山本先生〉の名が、憧憬《しょうけい》の念をこめて吹聴《ふいちょう》される。徳川の親戚、守護職の会津藩の臣下とは別の、新進の西洋学者山本覚馬の別の一面が京都に根づいた。

覚馬自身としても、京都の町の古典的な雰囲気にすこしずつひきこまれる気分を感じていたはずだ。

政情不安の中、失明の危機が

孝明《こうめい》天皇が大和に行幸し、攘夷親征を宣言するという計画ができあがった。長州を中心とする尊攘派がつくった筋書きだ。文久三年の八月である。

行幸が実行される寸前、反対派が宮中でクーデターをおこして大和行幸の勅《ちょく》諚《じょう》を取り消した。幕府と薩摩、会津や桑名がクーデターをおこしたのである。

長州勢は京都から追放され、三条実美《さんじょうさねとみ》などの尊攘公卿とともに萩《はぎ》に落ちていった。会津藩は尊攘派の憎しみを一身にあびる立場になった。

翌年（元治元）七月、長州藩は軍隊を京都におくりこみ、雪辱《せつじょく》の戦いを挑んだ。長州軍の戦意は高らかであったが、あっけなく敗北した。蛤《はまぐり》御門《ごもん》の変である。

会津軍と新選組が山崎の天王山にのぼって、久留米《くるめ》の真木和泉《まきいずみ》の仲間を攻めた。覚馬は一隊を指揮して、真木たちを全員切腹させた。天王山攻撃の功績で、覚馬は会津藩の公用人に任命された。会津藩を代表し、諸藩や朝廷、幕府の役人と折衝するのが公用人である。

尊攘派は京都から一掃された。少数の尊攘志士は京都に潜伏して復権と復讐を計画していたが、かれらを掃討する役割は新選組がひきうける。

会津藩は凱歌《がいか》をあげたが、山本覚馬には不幸がおとずれた。合戦のときに近くで弾丸が破裂し、目を傷つけた。もともと障害があった両眼の視力が低下したのである。

——失明するかもしれない。

失望と恐怖のなか、覚馬は長崎へ出張することになった。若い藩士の長崎留学を世話するのと、武器弾薬の調達、そして政治情報の蒐集《しゅうしゅう》がおもてむきの仕事だが、覚馬個人としては長崎でオランダ人医師の治療をうけ、視力をとりもどす望みもあった。

慶応二年から三年の春まで、覚馬は長崎にいた。眼科の名医といわれたオランダ軍の一等軍医アントニウス・ボードウィンの治療をうけたが、視力は回復するどころか、反対に悪化の一途をたどる。失明は時間の問題であった。

勝海舟、西周《にしあまね》との交流

失明にそなえて、というわけではなかろうが、長崎から京都にもどった覚馬は積極的に行動した。誇張した表現をすれば、広く厚い人脈の構築を意識して行動しているようにみえる。

京都にいた佐久間象山が尊攘派に暗殺された。元治元年（一八六四）の夏である。覚馬は師をうしない、勝海舟は師と義弟をうしなった。象山の妻は海舟の妹の順子である。

象山と順子のあいだに子は生まれなかったが、愛人の子の恪二郎《かくじろう》がいた。恪二郎は海舟の義理の甥《おい》であり、師の遺児である。

海舟は恪二郎を一人前にすることで象山を追悼するしるしにしようと思っていたが、失職の憂《う》き目にあい、思うにまかせない。やむなく、覚馬に依頼した。

覚馬は承知し、近藤勇に頼んで新選組に採用してもらった。恪二郎が剣をまなび、父の仇討ちをするという筋書きもあったそうだ。ここで山本覚馬と勝海舟の付き合いが堅いものになった。

つぎの人脈の焦点は西周《にしあまね》である。津和野《つわの》藩士の西周は榎本武揚や津田真道《つだまみち》などとともに、幕府の留学生としてオランダに留学し、ライデン大学のフィッセリングに法学や政治学をまなんで帰国した。

幕府の開成所の教授となり、徳川慶喜《とくがわよしのぶ》の顧問と教師を兼ねて上京し、外交文書の翻訳にあたっている。徳川慶喜の、フランスの歴史やナポレオンについての知識、フランス式の絶対政権への傾倒はもっぱら西周に影響されたものである。

四条大宮の更雀寺《こうじやくじ》で塾をひらいていた西周を覚馬に紹介したのは勝海舟である。西の学問は本格的であり、独学の傾向の濃い覚馬としては、憧《あこが》れの学者に出会った想いがしたはずだ。

自分の洋学所の教授の時間がおわると、覚馬は更雀寺にとんでいって、こんどは生徒として西の教えを乞《こ》う。ほとんど字が読めなくなっていた覚馬のために、西の弟子がテキストを音読してやった。

これはまだ、しばらく先にいってのことだが、西洋哲学の大要を最初に紹介、論述した西周の『百一新論《ひやくいつしんろん》』を出版したのはほかならぬ山本覚馬である。西周と山本覚馬は、師と弟子の関係をこえた学者同士のつきあいをもった。

京都に残ることを選んだ山本覚馬の心中

覚馬が長崎にいたあいだ、京都で、薩摩と長州とが倒幕同盟をむすんだ（慶応二年＝一八六六）。秘密の同盟だから幕府も会津も察知できなかったが、政情が日に日に幕府側に不利にかたむいているのはあきらかであった。

薩長同盟がむすばれたのは、京都の相国寺二本松の新・薩摩屋敷である。

この四年前の文久二年（一八六二）、薩摩藩主の父の島津久光《しまづひさみつ》は軍隊をひきいて京都にはいるという破天荒な挙をやってのけた。

内裏のちかく、しかも背中にあたる位置に広大な屋敷をかまえ、幕府を威圧し、朝廷の信頼をひきつける装置として新築したのが薩摩藩の新しい屋敷であった。

そして久光は、天皇から幕府に「政治を改革せよ」と命じる勅諚《ちよくじよう》をひきだし、軍隊をひきいて江戸にのりこみ、幕府につきつけて承知させた。おもてに立ったのは公卿の大原重徳《おおはらしげとみ》だが、大原の強談判《こわだんぱん》の裏には久光の威嚇《いかく》があった。

そして、久光が幕府におしつけた改革の一環として京都守護職が新設され、会津藩が任命されて山本覚馬が京都にやってきたのである、かさねがさねの因縁だ。

すぐうしろの薩摩屋敷で薩長同盟の交渉がすすみ、締結されたのも知らず、幕府と朝廷の代表者は第二次長州征伐の総督をだれにするかをめぐって、意気を消耗するばかりの議論をつづけていた。

ようやく総督がきまり、長州の戦場で戦闘がはじまった直後に将軍家茂《いえもち》が大坂城で死んでしまう。十五代将軍になった徳川慶喜ははりきって戦争をつづけるが、戦局が不利であるのを知ったあとは停戦、撤退を命じるしかなかった。

大政を奉還した慶喜は、合議政体を樹立して自分が盟主におさまることで不利な形勢を一気に逆転しようとした。慶喜の計画が成功するかにみえたとき、倒幕派が機先を制し、王政復古を宣言した。

慶喜は味方の大名や旗本をつれて二条城から大坂城へひきあげる。そして慶応四年の正月三日、徳川軍は京都にむかって軍隊をすすめ、鳥羽と伏見で官軍の迎撃をうけて壊滅してしまった。

山本覚馬は大坂へはゆかず、京都にのこっていた。覚馬は、なにをかんがえていたのだろうか。

薩摩藩に拘束された二つの幸運

——政治が根本から変わる。

この時期の京都では格別に特異な観察というわけではないが、覚馬の場合、佐久間象山や西周からうけた政治学、独学の成果にもとづく観察である。深刻で、しかし前向きなものであった。

——大名とか旗本とか、せまいところに閉じこもっていればすむ時期はすぎた。統一日本ができるのも目の前だ。

新しい統一日本が誕生するのは江戸ではなく、この京都であるのはまちがいない。

とすると、いま、この京都を出てゆくのはせっかくのチャンスを捨てることになる。

京都にいて、なにが、どうなるか、自分の目でみて、それから行動にうつっても遅くはない——こういうかんがえがあって、京都にのこったのだろう。ほとんど視力のない覚馬を、むりやりに大坂へひきずってゆく同僚はいなかったはずだ。

大坂へゆくよりは、京都にのこって万一の事態にそなえよ――このように指示されたのかもしれない。

状況が錯綜《さくそう》しているから詳細はわからないが、しかるべき指示をうけた形跡をのこしておかなければ覚馬が脱走罪に問われるおそれがある。万一の事態とは、徳川勢がふたたび京都で権力をとりもどす事態である。

だが、万一の事態にはならなかった。正月の六日には、徳川方――大坂方の総崩れがあきらかになった。そればかりか、徳川慶喜が大坂城から脱出し、軍艦にのって江戸に逃げかえったことが判明した。

松平容保も慶喜にしたがった。宗家にしたがったのだという理屈は通るにしても、敗戦の戦場に臣下を見捨てたと非難されても仕方はない。

京都にのこる覚悟をきめた覚馬だが、徳川方の敗戦を知って、大坂めがけて跳び出していった。

何日のことか、はっきりしない。藩主の容保に「戦闘をやめなければ賊軍になってしまいます」と進言しようと決意したのだから、容保が大坂城を脱出するより前である。

敵と味方が入りまじって混乱している戦場で、覚馬は薩摩軍に逮捕されてしまった。

覚馬を逮捕したのが薩摩軍であったのは幸いであった。長州を敵として会津と薩摩が提携していたころ、覚馬の名と評価は薩摩勢によく知られていたのである。もしも長州に逮捕されたならば、即座に処刑されていたはずだ。

覚馬は相国寺二本松の薩摩屋敷に収容された。京都のうちではあるが、ここは戦場からもっとも遠いところ、もっとも安全なところである。伏見や鳥羽では散発的な戦闘がつづいている。目のみえない覚馬が戦闘にまきこまれ、命を落とすおそれは充分にあった。

覚馬は二重の幸運にめぐまれた。敵軍につかまらず、大坂城に入城して松平容保に拝謁していたならば、やはり覚馬の命はなかった可能性が高いのである。

神保修理《じんぼしゅり》の悲惨な実例がある。

会津藩家老の修理は鳥羽伏見戦争の敗戦をみとどけて大坂城にもどり、徳川慶喜に、江戸にひきあげて恭順の姿勢をしめすように進言した。

修理の進言を聞き届けた結果なのか、どうか、断定はできないけれども、慶喜は大坂城をぬけて江戸にもどり、松平容保もしたがったから、会津藩兵は大坂に捨てられた結果になった。

命からがら江戸に逃げもどった会津の兵士は、神保修理の罪を糾弾《きゅうだん》した。「おまえが非戦を進言したからわれらは大坂に捨てられたのだ」と。それでも修理は持論を撤回しなかったので、容保の命令で切腹させられた。

もしも覚馬が無事に大坂城にはいっていたならば、神保とおなじ悲惨な最期を遂げたにちがいない。

牢獄の中でつくりあげた政治意見書『管見』

薩摩藩の淵部《ふちべ》直右衛門《なおえもん》が捕虜の世話役であった（鈴木由起子『闇はわれを阻まず』）。山本覚馬とはかねてからの知り合いであったこともあり、勝者の余裕も手伝って、丁寧にあつかってくれた。寝具も食事も充分、覚馬のほかの囚人にたいしても懇切《こんせつ》であった。

会津藩士の野沢、松本、安住が同囚だったのもよかった。桑名の山崎、幕臣の波多野、遠山、新選組の佐久間などが同囚である。

囚人がたがいに言葉をかわしても、読書をしても咎《とが》められない。開戦まで、覚馬の身のまわりの世話をしていた時栄《ときえ》という女の出入りもゆるされた。

「わたしは長州征伐には反対であった。天皇の政府と戦うについても反対したが、ちからおよばず、会津藩は朝敵になってしまったのです」

政府が会津藩に温情をかけてくれることを願う発言をくりかえした。淵部から薩摩藩の幹部に、さらに政府の要路者につたえてもらいたいと、かすかの希望をこめた。

淵部の態度のうちに、

——正式な意見を書いて上申すれば、つたえてやらないでもないぞ。

無言の合図を読んだのか、覚馬は長文の意見書の執筆にとりかかった。覚馬が口述するのを、会津藩士の野沢が筆記するという、手間と根気の要《い》る仕事だ。牢獄のなかだからこそ可能であったともいえる。

六月のおわりごろ、『管見』と名づけた長文の政治意見書ができあがった。

西洋列強が日本を侵略しようとしているいま、対等の関係を維持するには、「文明の政体」をうちたてて「富強」になるのが肝要である——この立場を基本とする統一政権構築論である。

政体——天皇のもとで三権分立
議事院——大院（公卿・諸侯）と小院（四民から選抜）の二院制
学校——京都・大坂のほか港湾地に学校を設立。儒学系よりも政治・経済・法律・医学などの実学系を重視
制度変革——漸進主義。刀剣は廃止
国体——郡県制とする。世襲制を廃止。徴兵制
建国——商業重視
製鉄——溶鉱炉を多く造る
貨幣——金本位制
女性教育——賢い女性が賢い子供の母親になる
遺産相続——平均法
酒造——コメを原料とせず、麦・葡萄《ぶどう》・馬鈴薯《ばれいしょ》を原料とする
海軍——諸藩の軍艦所有を禁止
佛教——僧侶に学問をさせ、寺を教育機関として開放
暦——太陽暦

かつての弟子との再会

覚馬は衰弱した。病院に収容され、視察にきた岩倉具視《いわくらともみ》の指示によって釈放された。明治二年（一八六九）である。『管見』が岩倉や西郷隆盛の目にとまり、岩倉の視察、そして釈放となったわけだ。

しばらくは新政府の軍務官の監視のもとにおかれるが、住まいは勝手に、とされた。河原町御池下ルに仮宅をかまえ、ときどきは軍務官の事務所にでかけ、西洋の軍隊について講義していた。

かつて会津藩の練兵場があった鴨東《おうとう》の聖護院の川岸、そこに軍務官の事務所がある。いまはそこへ、かつての会津藩砲術指南役だった山本覚馬が講義にゆく。

そのころ、明石博高《ひろあきら》（176ページ）と再会した。明石は京都の医薬商の生まれ、独学で西洋の化学や医学、物理学をまなぶかたわら、会津藩洋学所で山本覚馬にまなんだことがある。覚馬は明石の十一年の年長である。

明石はこのころは大坂の舎密局につとめ、ボードウィンやハラタマの助手をしていた。覚馬はかつて長崎の養生所でボードウィンの眼科治療をうけたことがあり、養生所の化学の教師のハラタマも知っている。

久闊《きゆうかつ》を叙《じよ》したあと、明石はひごろの抱負を覚馬にうちあけたものと思われる。

「舎密局ではいろいろ刺激もうけて悪くはないのですが、わたくしとしては京都で医者や薬屋の仲間をあつめ、京都のために一旗あげたい気がしてならないのです」

「いいかんがえだが、焦るなよ。焦らずに時宜《じぎ》をまっていれば、いずれ、かならず……」

双方とも、なにか具体的な計画があったわけではないようだが、その「いずれ」が到来するのである。もちろん、このときすぐに、ではなかったが。

山本覚馬、京都府の役人に

旧鳥取藩の重役の河田佐久馬《かわださくま》、このひとは山本覚馬の『管見』を高く評価したひとりである。京都府の大参事になった河田は『管見』の著者を京都府に採用し、『管見』にもとづいて府政の刷新を担当させようとした。

当時の京都府の知事は長谷信篤だが、これは飾りであって、実権は河田の部下

京都府庁正門近くにある「京都守護職屋敷跡」の石碑

で権大参事の槇村正直《まきむらまさなお》がにぎっていた。槇村は元長州藩士の息子で、木戸孝允《きどたかよし》の威光を笠に威張っているところはあるが、敏腕ではあった。

長谷や槇村が承知し、政府のその筋の内諾もえられ、山本覚馬は明治三年三月から京都府の顧問というか嘱託《しょくたく》というか、ともかくも役人になった。

覚馬が勤めることになった京都府庁舎はかつての京都守護職の跡地にたてられた。山本覚馬は、かつては京都守護職の役所に出勤し、いまはまた京都府庁舎へ出勤する。

いま、京都府庁の正門をはいると、右手の植え込みのなかに「京都守護職屋敷跡」の石碑がみえる。正門の外の「明治天皇行幸跡」の石碑が目立っているのにくらべると、ひっそりと隠れる感じになっているのはどういうわけだろうか。

念のためにいっておくと、このころの京都府の役人は地方自治体としての京都府の役人ではなく、東京の政府の役人であって、京都府に勤務している。京都府は東京の政府の行政区なのである。

槇村正直は敏腕な行政官ではあるが、総合的な学問はない。かれの学問というと、もっぱら西洋式の科学技術である。そこで、かたちのうえでは下僚にあたる山本覚馬の自宅で――覚馬の私塾ということになる――政治や経済をまなぶことがあった。

槇村は覚馬の〈生徒〉ではないが、槇村の部下の松田道之《まつだみちゆき》や藤村紫朗《ふじむらしろう》なども覚馬の講義を聴講する。京都の商家の若い主人の浜岡光哲、田中源太郎、中村栄助、大沢善助なども聴講にやってきて、京都の実業界の将来をひらく道を覚馬の学問から得ようと、必死になっている。

官と民間の人材がちからをあわせる態勢ができ、そこへ天皇から下賜《かし》された産業基立金が投入され、槇村勧業政策の時代がはじまるわけだ。槇村民政のそれぞれ、明石博高や山本覚馬の活躍については二章や三章などでくわしく触れている。

槇村民政の一翼をになって奮闘していた山本覚馬のまえに新島襄《にいじまじょう》があらわれ、同志社大学を京都にたてる計画が生まれてくる。それは明治八年（一八七五）、覚馬は四十七歳になっていた。

新島襄、密出国を決意

新島襄の生涯は三期にわけると理解しやすい。

①安中《あんなか》藩士の長男として江戸に生まれ、函館《はこだて》から密出国してアメリカにわたる。②ボストンのフィリップス高等学院、アマースト大学、アンドーヴァー神学校でまなんで帰国するが、帰国のまえ、ヴァーモント州ラットランドのグレース教会でひらかれたアメリカン・ボードの年次大会で「日本にキリスト教にもとづく大学を設立したい」と希望を訴え、聴衆から巨額の資金を提供されて帰国する。③京都で山本覚馬と出会い、同志社英学校を設立し、さらに大学への昇格をもとめて奮闘するが、果たせぬうち、四十七歳で亡くなる。

譜代大名の板倉氏が上州の安中で三万石を知行していた。新島襄が生まれた天保十四年（一八四三）のころの藩主は勝明《かつあきら》、幕府の奏者番《そうじゃばん》をつとめ、水戸《みと》の徳川《とくがわ》斉昭《なりあき》や越前の松平慶永《まつだいらよしなが》らとともに国防強化をとなえる改革派の大名として知られる。

新島襄の父の民治《たみはる》は六両二人扶持をうける右筆役《ゆうひつ》であった。そして新島は漢学と武芸を稽古したほか、抜擢《ばってき》されて蘭学をまなび、幕府の軍艦操練所で海軍術をまなんだ。オランダの援助で建設され、勝海舟や榎本武揚らをそだてたことで知

同志社大学の創立者・新島《にいじま》 襄《じょう》

られる長崎海軍伝習所が規模縮小のうえに江戸にうつされ、軍艦操練所になっていた。

元服し、右筆助役となった。このままゆけば右筆助役から一人前の右筆になり、父のあとをついで藩の江戸屋敷の庶務を処理する文官の生涯をおくったはずだ。

だが、若い新島の目を国外に向けさせる条件がいくつもあった。

たとえば、軍艦操練所の教授の中浜万次郎《なかはままんじろう》である。

中浜万次郎は土佐の漁民の子であったが、漂流してアメリカ船にすくわれ、アメリカで教育をうけて帰国し、幕臣に登用されて英語の教授になった。万延元年（一八六〇）には勝海舟や福沢諭吉とともに咸臨丸《かんりんまる》でふたたびアメリカにわたり、通訳として活躍した。

万次郎が語るアメリカ体験が、若き新島を興奮させたのは当然のなりゆきであった。初歩の英語がわかるだけに、刺激は強烈であった。

新島はオランダ語が時勢に合わなくなったのを察知し、修業目標を英語に変えた。福沢諭吉がオランダ語から英語に転じたのとおなじ、貴重な転換であった。

駿河台《するがだい》の川勝英学塾で読んだロビンソン・クルーソーの日本語訳の物語が外国

ゆきの願いに火をつけ、アメリカ合衆国の地理歴史をのべた『聯邦志略《れんぽうしりゃく》』が共和政治にたいする憧憬を刺激した。

このころキリスト教をまなんだ形跡があるということだが、実態はわからない。

幕府や諸藩の外交にトラブルが多発していた。尊皇攘夷の掛け声はあいかわらず強かったが、文久三年の薩英戦争は攘夷不可能の現実を武士階級につきつけて見せた。

脅威の源《みなもと》の実態を知ることが先決である——新島はこうかんがえた。密出国して欧米にゆき、欧米の富強の源を知って日本の政治に活《い》かすという抱負をいだいた。藩主はもちろん、親にも隠して出てゆかねばならない。忠孝二道にそむくことになるが、外国を観たい、文明と富強の源を識《し》りたい欲望が勝った。

元治元年（一八六四）三月、備中《びっちゅう》松山藩の快風丸に便乗して函館《はこだて》にゆき、身をかくしてチャンスを待ち、アメリカ船ベルリン号の客として出国したのは六月であった。

そのころ、長州藩の急進派の軍隊は京都にむかって進軍をはじめていた。前の年の八月の政変で、京都における圧倒的に優位な地位をうばわれ、萩《はぎ》に追い返された長州藩が、雪辱《せつじょく》を期して軍隊をおくったのだ。

長州軍を迎え撃つ会津軍の指揮者のひとりが山本覚馬である。そして七月十九日の戦争が覚馬の視力を奪ってしまうのだ。

最初の日本人大学生

上海《シャンハイ》でベルリン号からワイルド・ローヴァー号にのりかえ、新島襄はまず髷《まげ》を切り落とした。武士のしるしを捨てたのである。

太刀をティラー船長に贈呈し、脇差は買ってもらって、代金で聖書を買った。洗礼をうけたのではないからキリスト教徒になったとはいえないが、武士からキリスト教徒に転身しつつあったのはたしかだ。

南北戦争がおわり、リンカーン大統領暗殺から三ヵ月しかたっていない緊迫した雰囲気のボストンに着いた。慶応元年（一八六五）の夏である。

ワイルド・ローヴァー号のティラー船長は、船の持主のハーディ夫妻に新島を紹介してくれた。身の危険を覚悟のうえで密航してきた新島の真意を、ハーディがすぐに理解しなかったのは無理もない。

「説明できるかね、なぜ、危険を冒してまで密航してきたのか」

キリスト教をまなび、神の真理を日本人につたえることを使命とした決意が訥々《とつとつ》とした英語で語られ、粗末ながらも英文に綴《つづ》られてハーディ夫妻を感動させた。

この時点で、ハーディが理事をしているフィリップス・アカデミーへの入学がきまった。フィリップス・アカデミーはマサチューセッツ州のアンドヴァーに設立された名門の私立学校である。

新島は、ミス・ヒドンと弟が暮らす家に下宿した。この家にはアンドヴァー神学校で神学を研究しているフリント夫妻も住んでいた。フリントは物理や数学、地理や歴史といった基礎学問をおしえてくれ、夫人は聖書について講義してくれた。

一年がすぎるころ、新島は家族にあてて手紙を書いた。神奈川のアメリカ領事館から安中藩の江戸屋敷を通じて、秘密のうちにとどけられる手紙である。元気で勉学していると知った家族の安堵《あんど》の様子を思いうかべ、日々の勉学の励みとした。

フィリップス・アカデミーを卒業するのにさきだち、新島はキリスト教徒として洗礼をうけた。

そして、ボストンから汽車で三時間ほど西のアマーストにある、アマースト大学にはいることになった。慶応三年（一八六七）の秋から新島は大学生になった。こういうことをいってもたいした意味はないが、日本人の第一号の大学生は新島襄である。

アマースト大学は四年制の大学であったが、新島は三年間の在学で卒業をゆるされた。獲得した学位は理学士（バチェラー・オブ・サイエンス）である。かれは自然科学に興味があり、得意としてもいた。理学士の称号を得たのはうれしかったろう。

在学ちゅうは伝道部に所属していた。学生の自主活動としての伝道部であるが、伝道部で先輩からきたえられたことで、キリスト教を日本につたえようというミッショナリイの使命感は確固たるものになった。

大学卒業と同時にアンドヴァー神学校の特別コースにはいり、ニュー・イングランド神学の正統をまなんだ。

この時期、アメリカではユニテリアン主義の神学が勢力を強めていた。キリストの神性を否定し、宗教的な偉人であるとするのがユニテリアン主義である。それにたいして、伝統的なキリスト感を維持するのがピューリタニズムである。ユニテリアン主義に対抗し、ピューリタニズムを維持する立場から創設されたのがアマースト大学であった。

帰国直前の演説で明かした決意

明治五年（一八七二）、岩倉具視《いわくらともみ》の欧米視察団がアメリカのワシントンをおとずれた。岩倉のほか、木戸孝允《きどたかよし》・大久保利通《おおくぼとしみち》・伊藤博文《いとうひろぶみ》・山口尚芳《やまぐちなおよし》・寺島宗則《てらじまむねのり》など百人あまりの大世帯を、アメリカ駐在公使の森有礼《もりありのり》が世話することになっている。

森ひとりでは通訳の任務を全《まっと》うできないところから、文部省の田中不二麿《たなかふじまろ》が新島に通訳の補助を依頼してきた。

徳川幕府がたおれ、王政復古が宣言されてから五年もすぎている。新島襄を密出国の罪に問うはずの幕府は跡形もなく、新しい政府の最高実力者の岩倉具視の下僚の田中が新島に通訳を頼んでくる。時代は確実に変わっていた。

アメリカを視察したあと、一行はヨーロッパへわたる。新島も同行した。

十ヵ月にわたってアメリカとヨーロッパ七ヵ国を回遊した体験から、新島は欧米の文明の下地にあるのは人間教育とキリスト教であると確信した。

——人間教育によってキリスト教の信仰をうえつける。これが日本の近代化にとってゆるがせにできぬ方法である。

明治七年（一八七四）にアンドヴァー神学校を卒業して、いよいよ帰国することになった。

海外伝道団アメリカン・ボードの一員になった新島は、帰国をまえにして、アメリカン・ボードの年次大会で演説するチャンスを得た。

ほとんどの国民が真の神の愛を知らない、それがわが祖国日本であると新島はいい、その祖国へかえる決意をうちあけた。

「どんな迫害にあっても、たとい殺されても、私はキリストの十字架の道をゆきます。そして日本を救うために、キリスト教主義の大学を建てます。学校と教会によらずして、真に日本を救うことは出来ません」（岡本清一『新島 襄』）

短いが、真摯《しんし》の気持ちにあふれた演説がおわると、われもわれもと寄付を申し出る声があがった。寄せられた多額の寄付金をふところにして、新島襄は横浜に上陸した。明治七年の秋であった。

大学をどこにつくるか

安中にもどって、家族と再会し、すぐにまた東京にもどり、文部大輔の田中不二麿と会見した。

じつは、岩倉使節団の通訳としてヨーロッパを旅行していたとき、田中は新島に「われらと同行して帰国してはどうか」と誘ったことがある。文部省に就職し、しかるべき地位を得たうえで念願の大学設立をめざしてはどうかといった意味合いの、好意あふれる誘いであった。

だが、新島は謝絶したのである。官界に地位を得てしまっては、自由な立場の大学をつくる障害になるとかんがえたからだ。

だが、いよいよ帰国して大学設立をめざすことになったいま、旧知の田中の助言はかならずしも拒否すべきものではない。

新島は田中に、とりあえずは神戸《こうべ》か大阪にゆくつもりだと告げたはずだ。そして田中はおそらく、「なにはともあれ、木戸さんは協力を惜しまないはずだ」と激励の言葉をおくったものと思われる。欧米旅行のあいだ、木戸孝允が新島から得た印象は強烈なものであったのだ。

新島は神戸か大阪を学校設立の候補地としてかんがえていた——この件については、よく検討する必要がある。

この時期、日本には欧米各国の、さまざまの派のキリスト教伝道会が進出して勢力拡大を策し、競っていた。戦国時代にはポルトガル系のイエズス会とスペイン系のフランシスコ会が覇《は》を競っていたが、あのときよりはもっと多くの会派があった。

新島襄はアメリカン・ボードの宣教師としての資格というか義務というか、それをもっている。そしてアメリカン・ボードは神戸と大阪を日本における教線拡大の根拠地としていた。だから、新島がキリスト教主義の学校をたてる土地は神戸か大阪になるのが当然である——こういう理屈になる。

東京、あるいは横浜ははじめから問題にならない。江戸時代からつづく伝統的な教育機関が多いうえに、福沢諭吉の慶応義塾、尺振八《せきしんぱち》の共立学舎、中村正直《まさなお》の同人社など、新しい学校も大きな勢力をもっている。これらの学校に呑《の》み込まれまいとすれば、東京を避けるのが賢明である。

アメリカン・ボードの宣教師ゴードンの家を大阪の仮住まいとし、設立候補地の選定にかかった。木戸孝允が大阪にやってきたときいて、駆けつけ、再会のよろこびを共にすると同時に、学校設立に協力を依頼した。

木戸は四点にわたって協力してくれた。（『同志社百年史』）

まず、大阪府参事の内海忠勝《うつみただかつ》を紹介してくれた。内海は長州出身、岩倉使節団の一員であったが、アメリカでもヨーロッパでも新島と会ったことはないようだ。

第二に、大阪府権知事の渡辺昇《わたなべのぼる》をたずね、新島の学校設立に協力してもらいたいと依頼してくれた。渡辺は大村藩尊攘派の出身、江戸の剣客の斎藤弥九郎《さいとうやくろう》の道場で木戸と同門であった。ただし渡辺は、キリスト教を教えることと、キリスト教宣教師を教師として招くのは承知しないと条件をつけた。

第三に、豪商の磯野小右衛門《いそのこえもん》が公園をつくる費用として二万円を寄付する意志をもっているのを知って、木戸はたずね、公園よりも学校のほうが有意義だと説得してくれた。磯野は新島の学校設立が実現すれば二万円を寄付すると約束してくれた。ただし、学校は大阪につくるのが条件である。

そして第四番目に、京都府参事の槇村正直を紹介してくれた。槇村は長州出身、木戸の指示ならば粉骨砕身する構えがある。

木戸が大阪にきていたのは、いわゆる「大阪会議」のためである。明治六年の征韓論分裂、七年の征台論分裂で、政府は瓦解《がかい》の危機に瀕していた。征韓論分裂で下野した板垣退助《いたがきたいすけ》と、征台論分裂で下野した木戸をふたたび政府にむかえるべく、大久保利通が板垣と木戸をまねくかたちで実現した会議、それが大阪会議であった。

木戸が大阪にきて、槇村正直を新島に紹介した。それが京都における同志社の誕生につながる。いわば同志社は、近代日本の政治の波瀾《はらん》をくぐりぬけて、京都に姿をあらわしたわけだ。

京都府知事に罰金を言いわたした裁判

大阪会議のあと、木戸は槇村正直の案内で京都を視察した。西陣の織場や欧学《おうがく》舎《しゃ》を見学した。欧学舎はいわゆる槇村勧業政策の一環としてたてられた外国語教育の機関で、はじめは河原町二条の角倉屋敷の跡に、つぎにはかつて長州屋敷があった舎密局へうつった。

木戸の京都滞在は短期であったが、慌ただしいスケジュールを調整して、山本覚馬をたずねた。木戸と覚馬は旧知のあいだがらであったのだ。

木戸と覚馬が相知るにいたったのはつぎのいきさつがあった。

小野組という金融業者があった。島田組、三井組とならんで新政府に巨額の資金を融通した。かれらの資金協力がなければ、戊辰《ぼしん》戦争を勝つのは困難であった。

戊辰戦争がおわったあと、三組とも政府の為替方に任命され、公金の扱いをひきうけて巨利をあげる体制ができあがった。東京に進出して事業規模をひろげたが、本拠は京都においていた。

そこに支障が生じてきた。為替の取引きのたびに戸籍謄本が必要であり、東京から京都へ、いちいち謄本取り寄せの手続きをとらなければならない。そのうえ、槇村参事の圧力が激しくなるばかりである。ことあるたびに京都府への無償資金協力――御用金を出せ！――をおしつけてくる。

小野組は、貿易担当の助次郎を神戸に、為替担当の善助と善右衛門を東京に転籍させることを京都府に申請した。

槇村は長谷知事と相談のうえ、転籍届をにぎりつぶした。そのうえで小野善右衛門と助次郎を召喚して糾問した。

「転籍はみとめない。申請を取り消せ」

この時期、司法の独立は完全ではない。京都裁判所は存在したが、裁判所よりは府庁の裁きが優先していた。

小野組は公訴した。

民事事件として審査がおこなわれ、京都府にたいし、小野組から提出されたおりに転籍の手続きをとるべしとの判決がくだされた。

京都府が判決を無視したので事件は刑事事件となり、太政官から「ただちに罪を科してよろしい」との判断がくだった。長谷知事に八円、槇村参事に六円の罰金刑である。それでも従おうとしない槇村は、ついに身柄を拘束され、東京に連行された。

京都府民の期待が山本覚馬にあつまった。中央政界に知己の多い覚馬なら、槇村参事を釈放してくれるのではなかろうか、との期待である。

覚馬のかんがえでは、非はあきらかに槇村にある。『管見』でのべた三権分立の原則から逸脱しているのは槇村だ。

だが、その一方で、衰弱の極《きわみ》にあった京都を再生させつつある槇村を、いまここで手放すのは京都の府民にとって損失だというかんがえを捨てるわけにはいかなかった。

なやみ、熟考し、覚馬は決心した。

――東京へゆく。参事の釈放を各方面に願ってみる！

このころ覚馬は脊椎《せきつい》を病魔に冒され、歩行も困難になっていた。視力はほとんどゼロである。会津からやってきた妹の八重子に手をひいてもらい、岩倉具視や木戸孝允、江藤新平《えとうしんぺい》のところに何度も足をはこんで、事件を鎮静してもらおうと工作した。勝海舟の援助も要請した。

政治裁決がくだされた。明治六年のうちに長谷と槇村に百日の懲役が科せられ、長谷が四十円、槇村が三十円の贖罪金《しょくざい》をおさめて決着した。

槇村事件のあとしばらく覚馬は東京に滞在し、木戸孝允としばしば会談した。西郷隆盛《さいごうたかもり》や板垣退助、江藤新平など参議が一斉に下野するという、維新以来最大の危機に直面していた木戸である。朝敵会津の重役として何度も死地をくぐりぬけ、薩摩閥とも親しい覚馬の世故《せこ》の智慧《ちえ》は拝聴に値するものがあったにちがいない。

――京都の知事はお公卿さんの長谷、参事はわれらが長州の槇村だが、いまこの瞬間の京都を代表するのは長谷でもなく、槇村でもない。目の前にいる山本覚馬が京都の第一人者なのではないか。

木戸は覚馬について、このような印象をもったはずだ。

京都博覧会の鉱物担当に

さて、大阪では、木戸孝允が京都からもどってくるのを、新島襄は首を長くして待っていた。

木戸が京都にゆくまえ、磯野の二万円の寄付の件は一応の内諾の段階にとどまっていたようだ。木戸が京都からもどってくる時点では確約されている予定であったので、新島は首をながくして待っていたのである。

新島は大阪の宿舎に木戸をたずね、磯野（269ページ）が二万円の寄付を承知してくれたとの吉報をきかされた。

――磯野は承知してくれましたよ。

この時点――明治八年二月――で、なにが決定されていたか。

大阪か神戸に学校をたてるのを前提として、磯野が二万円を寄付してくれる――これだけが決定されている。磯野の寄付は「学校が設立されたならば……」

の条件つきだから、確定とはいえないだろう。

なにが決定されていたか、よりも、確定的なものはなにも決定されていないというのが真相にちかいのである。そして、確定的なものはなにも決定されていなかったところに、同志社と京都の幸運があった。

新島は大阪に学校をたてる交渉をはじめたが、大阪府権知事の渡辺昇が、案の定、キリスト教の宣教師を雇うことと、キリスト教をおしえることについて強硬な反対を表明してきた。

渡辺知事が容易に妥協するつもりはないと察した時点で、新島はこれまでの自分の計画が漠然としたものであることに直面させられた。

新島襄はアメリカン・ボードのてのひらで踊っていた――このようにいってもいい。

――アメリカン・ボードの本拠地は神戸か大阪である、ならば、アメリカン・ボードの一員の新島の学校は神戸か大阪にたてられるべきである。

疑うでもなく、信じるでもなく、まさに漠然とした態度で、新島はこの計画を推進しようとしていた。

アメリカン・ボードは、新島がたてる学校はキリスト教の伝道者の養成機関であるべきだ、との線から一歩も出ない。

戦国時代にはイエズス会が九州や山口、京都や安土《あづち》に多くの教育機関をたてた。セミナリオ、コレージョとよばれたそれらの性格は伝道師養成学校にほかならなかった。アメリカン・ボードは、十九世紀のいま、日本に伝道するチャンスを得て、伝道師養成の機関をつくろうとしている。無理はないどころか、むしろ当然である。

だが、渡辺知事との交渉が難航して悩んでいるうちに、新島は気がついた。伝道師養成の学校をつくるのは自分の本来の望みではない——自分のこころの真実を悟った。

——キリスト教にもとづくが、キリスト教伝道師を養成するのが目的ではない大学。

神戸も大阪も、ふさわしい場ではない事実がわかった。

ただし、神戸や大阪を断念したとは宣言しなかった。アメリカン・ボードと敵対する気はないし、必要もない。

——京都へ行ってみよう。

京都では第四回の京都博覧会がひらかれていた。京都府が音頭をとって三十四人の株主を募り、博覧会会社を組織した。この会社が博覧会をひらき、収益をつぎの年の博覧会開催費にまわすという、いかにも槇村勧業政策らしい企画である。

第四回の京都博覧会は大宮御所と仙洞御所の庭園を会場として、百日間にわたってひらかれ、二十三万四千三百人をこえた入場者のひとりが新島襄であった。大阪から奈良、宇治、石山、坂本をへて四月一日、京都にはいった。念のために書いておくが、二年まえの明治六年正月元旦から日本では太陽暦が採用されている。太陽暦の四月一日、京都はまさに春爛漫《らんまん》であった。

新島はかぞえて三十三歳、はじめて京都に足をふみいれた。三十三歳の京都初体験が格別に珍奇だというわけではないが、もしも博覧会がひらかれていなければ京都へ行かなかったかもしれない。それを思うと、これまたつくづく因縁というものを感じる。

京都に滞在しているあいだ、新島は何度か槇村と対談した。木戸孝允の紹介である。槇村はよろこんで会談に応じた。

キリスト教主義の学校をつくりたい――新島が熱心に説明する。神戸にとか、大阪にとか、特定の地名は口にしなかったろう。

話題が鉱物標本のことに触れた。博覧会では珍しい石の標本が観覧者に悦《よろこ》ばれる。もっと多くの標本が欲しいのだが、その方面に知識のある者がいない――

「わたくしを担当者に任命してください」

自然科学は新島の得意とするところだ。アメリカ留学のあいだ、暇があれば鉱物採集に精出していた。槇村の機嫌をとるつもりで申し出たのだろうが、瓢簞《ひようたん》から駒《こま》が出て、新島は京都博覧会の鉱物担当に任命された。ただし、じっさいに鉱物標本を採集して博覧会に出品した、という事実はないようだ。

このとき新島が、京都に大学をたてる構想をもっていたか、どうか、わからない。

しかし、博覧会の鉱物担当者の肩書を得たことが、京都に大学をたてる案をすすめるうえで効き目があるのはまちがいない。すくなくとも、邪魔にはならないのだ。

目には見えない因縁の糸――そういうものが博覧会にからんで引かれていたかもしれないのである。

「京都なら手頃な土地がある」

槇村の紹介で、新島ははじめて山本覚馬に会った。月日は確定できないが、新島がはじめて京都に足を入れた四月一日から何日もすぎない、ある日である。覚馬のほうが先に新島襄の名を知っていたと思われる。

というのは、大阪の新島の仮住まいの主である宣教師のゴードンがやはり、博覧会見物をチャンスとして京都にきていた。

このころはまだ、外国人が開港地から十里より遠いところに移動するについては厳しい規制があった。しかし、博覧会会社が政府と交渉して、博覧会の開催のあいだは規制が緩和されることになっていたのだ。（90ページ参照）

ゴードンは博覧会見物のかたがた、京都府の顧問として有名な山本覚馬に面会をもとめた。目の病に苦しんでいたゴードンは、失明にもかかわらず奮闘する覚馬の姿に感動し、漢訳の聖書研究書『天道《てんどう》遡源《そげん》』を贈呈した。

『天道遡源』について説明するうち、安中藩出身の新島という男の密出国、アメリカでの修学、いまは帰国して自分とともに大阪に住み、キリスト教にもとづく学校をたてようと苦心している——といったことを語ったはずだ。

安中藩の出身、アメリカに密出国、キリスト教の大学をたてたい——新島という男の伝説みたいなものが覚馬を刺激したはずだ。どんな男なのか、会ってみたいものだと思っているところへ、槇村の紹介状をもって、あらわれたのだ、その新島襄が——。

覚馬は新島に、『天道遡源』を読んで感激した自分の精神の飛躍を語った。

新島は、キリスト教にもとづく大学をたてる目的をもってアメリカからもどったが、第一歩となるべき土地の選定からして暗礁《あんしょう》にのりあげていると苦境をうちあけた。

「あなたの大学を、この京都にたててはいかがですか。じつは、わたくしは手頃な土地を所有しているのです」

覚馬は「あなたがその気になれば、土地をおゆずりしてよろしいのです」とつけくわえたにちがいない。

とびあがりたいほどの歓喜をおさえ、新島はつぎの点について、念をおしたはずだ。

「伝道師を養成する学校ではないのです。日本の将来を背負ってたつ使命感と教養をもつ若者をそだてる大学なのです。山本さん、それでもあなたは……」

わたくしの計画に協力していただけるのですかと念をおした新島に、覚馬は応じた。

「伝道師養成を表にかかげれば、入学したいという若者はひとりもあらわれないでしょうな。この京都は佛教のちからが特別に強いところです」

「といって、聖書や神学をおしえない大学では意味がありません。新島襄個人がたてる大学ではなく、わたくしの仲間の宣教師たちが支援してくれるのですが、かれらはキリスト教の色彩を排除した大学をたてる計画は、支援してくれませんか」

「それは後日のこととして、まずは大学をたてることからはじめる、それが賢明というものではありませんか。適当の土地があるのですから」

建学の精神とキリスト教の関係、それは神戸でも大阪でも問題になるところである。だが、「適当な土地があります。おゆずりしますよ」と強く誘ってくれる山本覚馬の存在が神戸や大阪にはなく、京都にはある、その差は大きかった。

新島は決意した。

山本覚馬のちからを借りて、この京都に念願の大学をたてようと決意した。

妻となる女性・八重子の波乱の人生

覚馬と新島のやりとりを、覚馬の妹の八重子が、こころはずませながら観て、聴いていた。

山本八重子は覚馬より十八年も年少である。八重子は川崎尚之助《しょうのすけ》という、会津藩蘭学所の教師と結婚した。川崎は但馬の出石《いずし》の藩医の息子であったが、覚馬によって蘭学所にまねかれていた。

明治元年八月、官軍が会津城下に攻めこんだ。弟の三郎が鳥羽伏見の合戦で負傷し、大坂で死んだという悲報がつたわっている。兄の覚馬は逮捕され、処刑されたらしいという噂である。兄と弟の仇をとる意気込みで、八重子は夫とともに七連発のスペンサー銃をとって官軍と戦った。

九月二十二日に会津藩は降伏した。藩士は武装解除され、猪苗代《いなわしろ》にあつめられた。八重子は、会津藩士の籍をもたない夫の川崎を説得して、降伏のまえに会津を去らせた。

八重子は男装して猪苗代にゆこうとしたが女とわかって追い返された。父の権八は戦死してしまった。

やがて、兄の覚馬が京都で生きていて、京都府出仕の身分だとわかった。八重子は母、妹、兄の娘のみねとともに京都にきた。みねの母はうらという女性であったが、すでに離縁の状態になっていたらしい。このころ京都では、覚馬と時栄という女性のあいだに娘が生まれていた。

八重子は女紅場《にょこうば》の権舎長兼教導補として勤務し、養蚕《ようさん》や紡績の技術をおしえた。女紅場は槇村勧業政策の一環としてたてられた女子教育の施設である。

京都博覧会にやってくる外国人の観衆のために、『京都案内』というパンフレットが発行されたことがある。山本覚馬が日本語で書いた原稿を書生が英訳し、八重子が活字をひろって図版を入れ、ドイツから輸入した印刷機で印刷したものだ。（鈴木由起子『闇はわれを阻まず』）

英語をまなびなさいと八重子に命じたのは兄の覚馬である。

英語をまなべる、どんなチャンスも逃すまいとしていた八重子は、おりから入洛していた宣教師ゴードンの旅館にかけつけ、英語の稽古《けいこ》をしていた。八重子がゴードンの旅館で聖書の『マタイ伝』を読んでいると新島が客としておとずれ、ゴードンによって八重子に紹介された。

まもなく新島は八重子の兄の覚馬と知りあい、大学設立について協議をはじめる。そして、八重子と新島は夫婦になる約束をかわして、神に誓いをたてるのである。

アメリカ人宣教師の奮闘

アメリカン・ボードの宣教師団は、伝道師養成を目的としない新島の大学設立構想に異議をとなえるのではないか——この懸念は宣教師のひとり、J・D・デイヴィスの奮闘によって払拭された。

J・D・デイヴィスはニューヨーク州の農村出身、大学在学ちゅうに南北戦争に参加して中佐で除隊した。シカゴ神学校を卒業し、アメリカン・ボードの宣教師として日本に伝道する任務がきまった。

来日にさきだち、明治四年（一八七一）にマサチューセッツ州のレイサムでひらかれたアメリカン・ボードの六十二回年次大会に出席し、ここではじめて新島と出会った。

まもなく日本伝道の旅にたつとデイヴィスが告げると、新島はデイヴィスの手をかたくにぎって、感動の言葉を口にした。

「お目にかかれ、嬉しい。あなたの航海の安全をこころからお祈りもうしあげる。わたくしは、ちかぢか帰国したいと念願しているのです」

それから三年、ヴァーモント州ラットランドの六十五会年次大会で新島は記念すべき演説をした。日本で大学を設立する計画を発表し、寄付を募ったところ、巨額の寄付が寄せられた。

寄付をふところにした新島が日本にもどったのは明治七年の十一月である。

このとき、すでにデイヴィスは神戸と三田《さんだ》で着々と伝道の成果をあげていた。

デイヴィスは神戸に英語学校をつくった。この学校を基礎にして、小規模な伝道師養成所をつくった。優秀な若者があつまって養成所は活気を呈したが、そのうち、優秀な青年こそは伝道師教育だけでは満足しないことがわかってきた。伝道師養成教育の経験を通じてデイヴィスは、広く、深い教養を身につける手助けをする必要があると痛感していた。

だからデイヴィスは、たんなる伝道師養成所ではない、本格的な大学をたてたいという新島の念願をすぐに理解したのである。

明治八年の五月、アメリカン・ボードの宣教師の会議が大阪でひらかれ、新島が京都に大学をたてる案を提案した。すでに新島・槇村・山本が出合いを果たし、大学設立にむかって歩きはじめていた。

新島の提案は賛否両論をまきおこしたと思われるが、デイヴィスの懇切な説明が反対者のこころをうごかし、会議は新島の案を了承した。ボードが委託されている五〇〇〇ドルの資金を新島の使用に託することが認められた。

ボードの承認をうけて、大学設立への歩みは速度をました。

六月の七日、新島とデイヴィスは京都へゆき、河原町御池下ルに居をかまえる山本覚馬をたずねた。そして、覚馬が相国寺二本松に所有する旧薩摩藩の京都屋敷の跡地六〇〇〇坪を新島がゆずりうけることが約束された。

薩摩藩が京都からひきあげたあと、京都屋敷の敷地は売りに出された。そうと知った覚馬がすばやく手をうち、買い取っておいたのだ。

約束がかわされるまで、新島もさすがに心配していたようだが、いざとなると「あにはからんや、なんの差し遣いなく」順調に約束がかわされたと故郷安中の父にあてて報告した。

薩摩藩が絶妙の政治感覚で選んだ京都屋敷の場所

ある建築学者が相国寺、同志社、京都御苑を南北につらぬいて走る一本の道は三つの時代を串刺しにしていると評したことがある。じっさい、そのとおりなのだ。

いちばん北の相国寺は足利義満《あしかがよしみつ》がたてた禅寺、臨済宗の本山である。したがって室町時代。

相国寺の門から南にすすむと、同志社大学のキャンパスの真ん中を突っ切る。これは明治時代。

そのまま南へゆくと、京都御苑にはいる。内裏——御所をふくむ御苑がいまのようなかたちに整備されたのは寛政年間であるから、江戸時代。

幕末から明治初期の、このあたりの地図をみると、薩摩屋敷の南に五家の公卿屋敷が東西に列をつくっていた。

五家の列の、そのまた南に近衛家、近衛の東が桂宮、桂宮の北が伏見宮、伏見宮の東が二条家であった。近衛家の南はすぐに内裏である。

あらためて感服せざるをえない。この地に新しい屋敷をつくった薩摩藩の政治感覚はさすがに冴《さ》えていたな、と。

薩摩の島津家と近衛家とはふるくから姻戚の関係をむすんでいた。清水寺の成就院が佛事を通じて両家をむすんでいた。

成就院の住職の月照《げっしょう》上人が薩摩藩の意をうけて近衛家に出入りし、幕府が奏上した条約調印勅許を妨害しようとしたのが安政の大獄の発端となった。

近衛家の老女の村岡局《むらおかのつぼね》は西郷隆盛とちからをあわせ、幕府を叱責する勅諚が水戸藩にくだされるように画策した。村岡局は江戸に送致されて尋問をうけたが、屈せず、軽罪で京都にもどされた。

そのころ、ここにはまだ薩摩屋敷はつくられていない。万延元年に大老の井伊直弼が暗殺され、政局が大転換をとげた文久二年に新しい屋敷がつくられた。

近衛家とのあいだには五家の公卿屋敷があるが、敷地は狭い。新しい薩摩屋敷から発せられる威圧の光線が近衛家を激励し、近衛家は朝廷のなかでの優勢を維持できる。それもこれも、この場所に薩摩屋敷がたてられたからにほかならない。

その後、竹内・徳大寺・藤谷・山科の四家の屋敷は同志社の敷地になり、冷泉《れいぜい》家だけが以前の地にとどまっている。薩摩屋敷の東の伏見宮と二条家の屋敷跡にも同志社の校舎がたてられた。

東京へ行幸の直前、明治天皇が冷泉家のひとにしみじみと告げた伝説があるそうだ――ふたたびはもどれぬかもしれぬ。冷泉家の宝物を、朕《ちん》にかわって大切に守ってくれよと。

冷泉家の宝物――それは歌学にかんする膨大な資料群である。藤原定家《ふじわらのていか》自筆の『新古今和歌集』や『明月記』などだ。

同志社の誕生日

さて、山本覚馬から六〇〇〇坪の敷地の提供をうけて、新島の大学設立のうごきに拍車はかかった。

京都府に学校設立を申請するには、京都府の住民であるのが望ましい。そこで、群馬県士族の新島は京都府に転籍することにした。それにたいして故郷の父は、転籍ではなく、寄留のほうがよいのではないかと助言してきた。

武士の身分を返上するのとひきかえに政府から秩禄《ちつろく》公債証書をうけとった、それが士族である。

群馬県士族の新島が京都府の住民に転籍すると士族の身分をうしない、公債証書をカネにする権利をうしなうおそれがある。だから父は逡巡《しゅんじゅん》したのだが、息子の新島は士族の特権よりは京都府の平民の身分に転籍して、学校設立を容易にする途《みち》をえらんだ。(『同志社百年史』)

明治八年八月二十三日――京都府を通じて文部省に、新島襄と山本覚馬の連名で私塾開業を出願した日である。J・D・デイヴィスも名をつらねて当然だが、外国人だから土地を取得できず、したがって私塾の経営者にはなれないから、教師として雇われる立場として名を出していた。

このときにはすでに「同志社」の名称はきまっていたようだが、開業出願書には「同志社」の名は登場していないそうである。「同志社」の名称は覚馬がつけたという。

九月四日づけで出願は認可された。この日が同志社の誕生日である。

相国寺の土地に、すぐに校舎をたてることはできない。アメリカン・ボードとの最終的な調整がのこっているうえに、予想されたことながら佛教界の反対が強くなってきたのだ。

かつて――戦国時代――イエズス会が京都に教会をたてようとしたとき、織田信長は佛教界の反対をおさえて、ゆるした。明治八年における京都の最高権力者の槇村正直は、どうするだろうか。

仮の校舎と寄宿舎をかねた建物として、寺町通丸太町上ルにあった華族の高松家の邸宅を借りた。

J・D・デイヴィス一家の宿舎として、これまた華族の柳原家の屋敷が空き家になっていたのを、借りた。

最大の障害は聖書とキリスト教の講義の問題である。槇村権知事とのあいだに交渉がくりかえされ、個人の住まいでならば聖書を講義してよろしいということで妥協した。

十一月二十九日、新烏丸頭町《しんからすまかしらちょう》の新島の借家で開校の祈禱《きとう》会がおこなわれた。新島とデイヴィスと、六人の生徒である。祈禱のあと、一同は高松邸の校舎にゆき、最初の授業がおこなわれた。ここに、「同志社英学校」の標札がかかげられた。

相国寺二本松の敷地に校舎の建築がはじまったのは、明治九年の夏である。

新島は明治二十一年（一八八八）に『同志社大学校設立の旨意』を発表し、大学の設立をめざして運動をはじめた。だが、大学までの通《みち》のりは長く、遠かったのである。

明治二十三年（一八九〇）正月、新島襄は神奈川県の大磯《おおいそ》で病没した。四十七歳であった。

同志社が専門学校令によって同志社大学となったのは明治四十五年、大学令による大学となったのは大正九年（一九二〇）である。

薩摩藩邸の跡地が山本覚馬の所有になり、それが新島襄にゆずられた経過については『同志社百年史　通史編　一』（一九七九年　同志社編・刊）に依った。ちかごろ同志社キャンパスの西門にたてられた同志社大学名義の説明駒札には『同志社百年史』の記述とはいささか異なる経過が示されているので、新版刊行のチャンスを借りて写しておく。

「明治時代になると、京の薩摩藩邸は京都府に接収、民間に売却された。そして、人手を経て新島襄が購入した」

八章

「新京極」の「新」が意味するものは何か

――知事が開発した歓楽街

車屋町通
東洞院通
間之町通
高倉通
堺町通
柳馬場通
富小路通
麩屋町通
御幸町通
寺町通
ザ・リッツ・カールトン京都
京阪鴨東線
京都ホテルオークラ
京都市役所
地下鉄東西線
御池大橋
御池通
京都市役所前駅
烏丸御池駅
姉小路通
京都文化博物館
三条京阪駅
三条大橋
三条駅
三条通
六角通
地下鉄烏丸線
烏丸通
新京極
河原町通
鴨川
木屋町通
先斗町通
蛸薬師通
京阪本線
花見小路通
錦小路通
錦天満宮
大丸
四条通
京都河原町駅
四条大橋
祇園四条駅
烏丸駅
阪急京都線
藤井大丸
高島屋
四条駅
綾小路通
川端通
仏光寺通
佛光寺
200m
N

お役人が開発した歓楽街

京都の新京極《しんきょうごく》――三条から四条まで、たった五百五十メートルである。

修学旅行の京都の思い出に、新京極を歩いた記憶は欠かせないはずだ。

――いまさら新京極でもなかろう。

醒《さ》めた意見を耳にすることもあるが、春と秋のシーズンはもちろんのこと、オフ・シーズンのはずの冬でも、新京極は修学旅行の生徒で賑《にぎ》わっている。

新京極、それは明治五年（一八七二）に京都府によって開発された遊興と歓楽、芸能の街である。

府とか県、政府といえば〈お堅い〉イメージそのものである。お役人が先頭にたって歓楽街を開発するなんて、じつに意外な感じがする。歓楽事業の業者と、歓楽を楽しみたい庶民があつまって歓楽街ができあがりそうになると、それを抑え、整然とした規格の市街をつくろうとするのが役所とか役人というもののはずだ。

新京極は反対であった。たちならぶお寺の境内に新しい直線の小路をひらき、歓楽産業の業者を誘致してつくりあげたのだ。意外のうえの意外である。これは明治初年の京都だけの出来事ではなかったのか。

設計図にしたがってつくられた寺町通

東京極《ひがしきょうごく》大路の東に新しくできた小路だから新京極とよばれる。

東京極大路という名は、ことによるとお馴染《なじ》みがないかもしれない。だが、東京極大路が寺町通になったといったら、どうだろう。

桓武《かんむ》天皇が平安京をつくった。

平安京の東西の辺——つまり京の極限——の線を京極と名づけた。道路としての名が京極大路である。ここまでが平安京、ここから先は京の外という意味にもなる。京の東の極限は東京極ともよばれ、西の極限の線はもちろん西京極だった。西京極大路は現在の葛野《かどの》大路の西の位置を南北に走っていたはずだが、市域開発にのみこまれ、姿を消してしまったらしい。

豊臣秀吉が京都の大改造をやった。人家のあつまっている区域を「京」とさだめ、四周に土居《どい》をきずいた。土居——「お」の字をつけて「お土居」とよぶのが

“お土居”に囲まれた京都の町

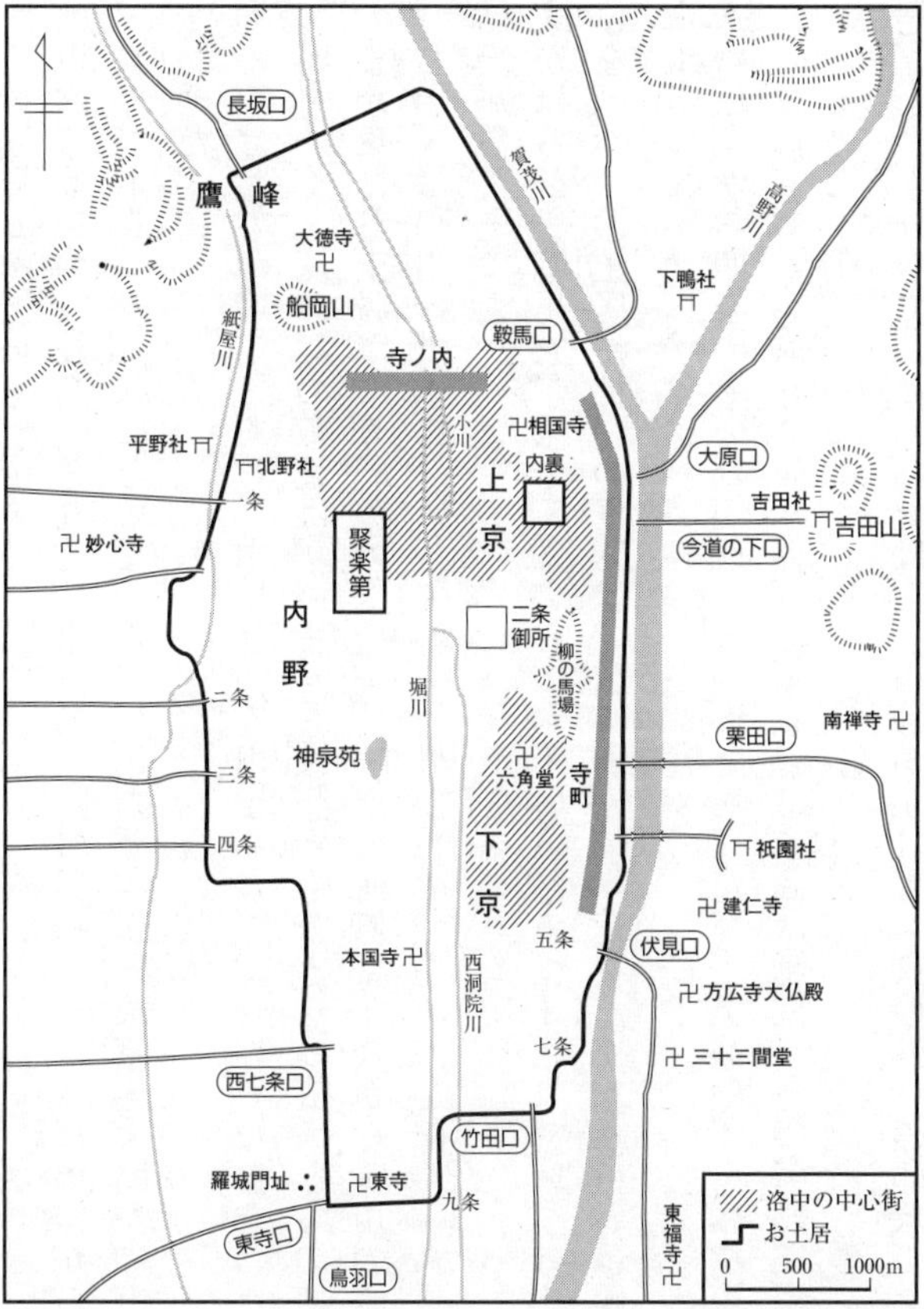

ふつう——の内側が秀吉の京都である。

秀吉は市内の多数の寺院を、強制的に東京極大路に移転させた。鞍馬《くらま》口から五条まで、お寺が南北、一直線にたちならんだ。このときから東京極大路が寺町通の名に変わった。

寺町通の東はお寺の境内《けいだい》である。中川という川があって、ちいさな橋をわたってお寺の門をくぐる。お寺の敷地は、いまからは想像もできない広大なものである。そのまた東にお土居があり、そのまた東は鴨川の河原、それから鴨川の流れになる。お土居は鴨川の洪水にたいして備え、外からの武力攻撃を防ぐ、二重の意味の防禦《ぼうぎょ》施設であった。

豊臣家がほろび、徳川家が栄えるにつれてお土居は踏みつぶされ、いつのまにか平らになった。お土居が健在のうちは、何ヵ所かの木戸をくぐらなければ鴨川の河原には出られなかったのだ。

寺町通の三条から四条のあいだが最も賑《にぎ》やかであった。三条通は関東へ往復する東海道の起点と終点であり、四条通は八坂《やさか》神社（祇園感神院）への参詣路であった。

お土居がしっかりしていたあいだは、鴨川はいかにも「京の外」の印象であった。だがお土居が踏みやぶられ、平らになると、鴨川との境目が希薄になり、鴨川も「京の内」の印象になってきた。寺町の東、鴨川の西の河原にうまれた新しい大路が河原町通だ。

寺町通は人間が設計し、設計図にしたがってつくられた道だが、河原町通は人間の足に踏みかためられて道になった。だから鴨川の流れにしたがって、五条のあたりから西へ急に曲がる。秀吉は河原町通を見ぬまま死んだ。

四条・寺町・三条・河原町――この四本の大路でかこまれた地域は、むかしもいまも京都のセンターである。「四条で会おう」「河原町へ出る」といって通じる人間関係もあるはずだ。

むかし――江戸時代の後半から明治の初年――の京都のセンターは、どんな様子であったのか。

芝居と落語の興行でにぎわう二つの寺

東京極大路には、百数十のお寺があつめられ、一直線にならんだ。どのお寺を、どの位置に移すかについては、秀吉の家来のだれかが案をつくって、秀吉の承認を得てから実施したはずだ。それはたぶん、増田長盛《ましたながもり》だろう。
大きなお寺を重要なポイントに——これが配置案の骨子であったようだ。その結果として、寺町通と三条通の交差する南東には誓願寺《せいがんじ》、寺町通と四条の交差の北東には金蓮寺《こんれんじ》が配置された。
誓願寺——天智《てんじ》天皇の勅願によって奈良にたてられたという古い由緒をもつ、浄土宗の本山寺院。平安遷都にともなって京都にうつり、ながいあいだ小川通の一条にあったが、秀吉によって寺町にうつされた。六千坪の境内の表門は寺町の六角通寄りに面し、北門は三条通にひらいていた。不断念佛を修する名刹《めいさつ》として、夥《おびただ》しい参詣人があった。
金蓮寺——時宗の四条派の本山。四条道場の名で親しまれていた。時宗二世の他阿《たあ》真教《しん》の弟子の浄阿真観《じようあしんかん》が四条京極の祇陀林寺《ぎだりんじ》で後伏見上皇の皇后の安産を祈ったところ、無事に皇子が誕生した。上皇の宣をうけて祇陀林寺を金綾山太平興国金蓮寺とあらためた。足利義満《あしかがよしみつ》の庇護があつく、貴族や文化人、庶民が念佛会におとずれ、それをあてこんで種々の芸能が演じられる場ともなった。八坂神社の参道は四条寺町が起点だとかんがえられていたらしく、祇園祭の山鉾《やまぼこ》巡行を見物する絶好の場としても金蓮寺は有名であった。

遊興として規模の大きいのは芝居——演劇であり、京都では四条河原の一帯に幕府の許可をうけた芝居が櫓《やぐら》をあげて観客を呼んでいた。幕府の許可をうけた常設の芝居小屋のしるしとして櫓をあげたのである。

だが、幕府の公許をうけるのは、演目の内容、演出の方法について幕府のとりしまりをうける姿勢のあらわれであり、結果的に、大衆の好みに合わない、〈面白くない〉演劇を提供せざるを得ないことにつながった。

公許の、〈面白くない〉演劇が大衆から見放されるのと並行して、野卑で猥雑《わいざつ》で、滑稽《こっけい》で、しかも権力にたいして批判的な姿勢を隠そうとしない芸能が台頭してきた。そういう新しい芸能は格式の高い四条河原ではなく、寺町の寺の境内の隅に小屋掛けして観客をあつめた。

宝暦八年（一七五八）に寺町の四条道場で芝居が興行されたという記録のあるのが、寺町の演劇興行の最初の記録だそうだ。四条道場とは金蓮寺のことである（守屋毅『近世芸能興行史の研究』）。

寛政十年（一七九八）に誓願寺の境内でも芝居がはじまったとする記録があらわれてくる。誓願寺の南、和泉式部《いずみしきぶ》にゆかりが深く、式部寺の別名がある誠心院《せいしんいん》でも芝居がはじまった。

落語の原型とされる「軽口《かるくち》」も、寺町の寺の境内ではじまったらしい。落語――軽口芸の祖とされるのが安楽庵策伝《あんらくあんさくでん》だが、かれはもともと誓願寺の住職であり、佛教の教理を庶民にわかりやすいかたちにし、ユーモアをまじえて伝えようとしたのが軽口芸に発展してきたとされている。

安楽庵とは策伝和尚の庵《あん》の名でもあった。以前は、かつての誓願寺の跡地の一隅に「安楽」を屋号としたテンプラ屋さんがあった。策伝自身が創案した軽口、巷《ちまた》にひろまっていた軽口を整理して書物にしたのが『醒睡笑《せいすいしょう》』である。

演劇とは別に、飲食を提供する業者も寺町にあつまってきた。ウナギや精進料理が紹介されているが、精進料理の店の花遊軒《かゆうけん》は評判が高かったらしく、いまでは四条通から新京極へ斜めにぬける「花遊小路《かゆうこうじ》」に名がのこっている。

はっきりした時期はわからないが、寺町のお寺の境内で稼ぐ芸人、商人たちは相談して毎月の二、七、十四、二十六、三十日に朝市を出すことにした。そうすると、朝市をひやかすついでに誓願寺に参詣するひとがふえ、ふえる参詣者をあてこんで出店する商人がふえるという循環で、ついには連日にわたって店がひらかれるようになった。（田中辨之助《べんのすけ》『京極沿革史』）

「北の誓願寺と南の道場金蓮寺はとりわけ大きい寺で、境内も広く、小屋掛けの芝居や見世物小屋、種々な露店、茶店までも並びたてられ、参詣傍々《かたがた》の遊覧客によりいつも賑わい、『誓願寺さんへ行こう』『道場へゆこう』といって市中の人々の楽しい娯楽地となった」（田中緑紅『明治文化と明石博高翁』）

府知事の強硬な政策「寺町に歓楽街を！」

元治元年（一八六四）七月の蛤《はまぐり》御門《ごもん》の変の戦火は寺町通にもおよび、とくに三条と四条のあいだの寺の九割は焼失した。金蓮寺の本堂は焼けのこったが、塔《たっ》頭《ちゅう》寺院のおおかたは焼けた。誓願寺も全焼にちかかった。誓願寺と金蓮寺にはさまれた中小のお寺のほとんどが戦火をあびた。

それから四年、王政復古、新政府の成立である。新政府の施策は神社に暖かく、お寺には冷たかった。政府の政治理念がひたすら古代へ、古代へと復古をめざした結果として、外来宗教の佛教は政策のうえでも否定さるべきものになったのだ。民間の廃佛毀釈《はいぶつきしゃく》のうごきははげしく、政府に圧迫される佛教に味方しようとするうごきもおこらなかった。

明治二年、政府は寺領にも課税する政策を決定し、つぎの年には寺領の上地《じょうち》を命じ、そのかわりに蔵米を支給するときめた。蔵米支給といっても、寺領からあがる従来の年貢の半分だけを六年にわたって支給するという苛酷なものであった。

京都の寺町のお寺も寺領をとりあげられ、境内地の一部を手放して、かろうじて寺院運営をつづけるほかはなかった。誤解のないように書いておくが、京都府が独自の政策として寺町の寺院の領地を没収したのではない。政府が佛教の総体を圧迫する政策を執行した、その一環としての京都の寺町寺院の領地没収、境内地削減なのである。

おおげさにいうと、明治の二年から三年、四年にかけて全国の寺院は裸同然の状態になった。京都の寺町の場合、そこに槇村正直《まきむらまさなお》知事の強硬な政策がかさなったのである。

北の誓願寺と南の金蓮寺のあいだに、規模のちいさい寺がはさまれていた。誓願寺や金蓮寺は境内の一部を手放し、規模を削減することで寺領上知の衝撃に耐えようとした。だが、ちいさな寺は手放す敷地さえないのである。蛤御門の変の被害からたちなおろうとしていた寺院は、寺領上地の追い打ちに耐えるちからはない。末寺や塔頭がちから尽きてつぎつぎと消えてゆくのを、本寺は見ているしかなかった。

槇村知事の新京極開発政策が発案されたいきさつは、じつはよくわからない。だが、戦火と寺領上地の二重の圧迫に耐えかね、息も絶え絶えになっていた寺町の状況が槇村知事にヒントをあたえたのではなかろうか。

――疲弊したままの寺院は京都の近代化の邪魔になる。いまならば、抵抗はすくないはずだ！

寺町に歓楽街をつくる――それはゼロからの発想ではない。南の金蓮寺と北の誓願寺の境内でおこなわれていた小屋掛けの遊芸を一本の道をつくってつなごうというものであった。ゼロからの出発ではなく、既成のものの拡大なのである。

明治四年（一八七一）に、新京極をひらく工事がはじまった。

寺町通と寺のあいだの中川を埋めたて、寺の境内を東に後退させた。寺町通の東に接して、三条から四条のあいだに、何倍も広く細長い空閑地ができあがった。この空閑地の真ん中に南北の空閑地をひらき――これが新京極である――両側に、むきあったかたちの小屋なり店なりをたてて商売をしてもらおうというのが槇村知事の計画であった。

寺町通に面したお寺は一寺もなくなった。寺がないのに寺町というのはおかしいという理屈もあるはずだが、ともかく秀吉のつくった寺町は名前だけのこり、実態は見えなくなった。寺町通をあるくかぎり、お寺は一軒も見られない。西側の境内敷地を削られたお寺は、出入りの門がなくなってしまった。やむなく、裏寺町に門を替える寺もあった。三条から四条のあいだの旧寺町の面積は広かったから、寺町に面したお寺の、そのまた東（背中）に別のお寺がたてられていた。西と東のお寺のあいだの道を裏寺町とよんでいた。

通りを曲げた二つの墓

新京極の不思議——というほどのことでもないが、三条の入口が坂になっていてタラタラ下りとよばれるのと、六角通のところで西南へ曲がり、すこし下がって南へ向きなおっているのに気がつくと、なんだかおかしいなと思う。

新京極の三条の入口が坂になるならば、寺町の三条の入口も坂でなければならない理屈だが、寺町と三条の交差は平坦なのである。

六角と交差するところ——誓願寺の門前——で新京極が西へ曲がり、また東へ曲がる不思議についてはつぎのように説明されることがある。秀吉の命令によっ

三条側の入口はゆるやかな坂道になっている

て誓願寺が小川の一条から寺町に移転したとき、伽藍《がらん》再建のために厚い援助をしたのは京極高次《きょうごくたかつぐ》の妹で秀吉の側女となった松丸殿《まつのまるどの》である。その松丸殿の墓と、秀吉の長男で夭逝《ようせつ》した国松の墓があった。たとえ京都府知事の命令でも、この二個の墓だけは移転させられないと誓願寺が抵抗した結果、新京極通がここで西へ曲がることになったのではないか。(田中緑紅『新京極今昔話』)

誓願寺の抵抗はなかなか強硬なものであったらしい。新京極通に門をあけているお寺は何軒かあるが、誓願寺の門の大きさは他を圧している。

金蓮寺も頑張ったが、京都府という公権力の介入と、寺としてやってゆくためには境内敷地を売却しなければならない苦境には抗しきれなかった。新京極通の開発からまぬがれた塔頭もつぎつぎと姿を消してゆき、いまは北区の鷹ケ峰《たかがみね》にうつっている。

店を集めるために打った奇手

こうして、新京極はできた。

歓楽産業の業者がわいわいとあつまって店をひらき、小屋をかけ、それを目当

て に老若男女がつめかけて、まるで、維新直後の衰退はウソだったかのように活気をとりもどし――というふうにはならなかった。一坪五十銭の安い地価にもかかわらず、買って店をひらこうという業者はすくなかったのだそうだ。

なぜなのか、事情がよくわからない。京都府が開発した区域だという〈官臭〉が敬遠されたのかもしれない。

そこで槇村知事、起死回生の奇手を放ったと『新京極今昔話』は書いている。三条通河原町西入ル北側の由緒ある針屋「みすや針」の主人に請人になってもらい、阪東文治郎《ばんどうぶんじろう》という香具師《やし》の差配人から大道芸人や香具師に声をかけてもらったのだそうだ。

阪東文治郎はこのあたりの香具師を束《たば》ねていた人物のようだが、幕末には長州の尊攘《そんじょう》志士をたすけたこともある、侠気《きょうき》の男であったらしい。ちかくの河原町二条にあった長州屋敷に人夫を斡旋《あっせん》し、物資を納める仕事を請け負っていたかとも推測され、その関係から長州藩士の槇村正直と昵懇《じっこん》になったのだろう。

阪東文治郎が「地代は無料だ！」とよびかけると、まってましたとばかりに仲間の芸人や香具師があつまってきた。独楽《こま》まわし・曲芸綱渡り・剣の刃渡り・手品・生人形《いきにんぎょう》・娘の足芸・糸細工・貝細工・居合抜きの歯薬・ドッコイショの張ったり・チョンガレの立読・軍談読み・猿・犬・鼠《ねずみ》の芝居・テレメン油・蝦蟇《がま》の油・楊弓場《ようきゅう》・大弓場《だいきゅう》・軽い飲食——まさに雑芸の大集合といった感じである。

明治六年にはかなりの繁盛となり、槇村知事が馬にのって視察をすると、芸人商人たちがあつまって大歓迎したという。

ところで、楊弓場と大弓場——似ているのは言葉だけで、中身はおおちがいである。

「矢を的に当てるのはつけたしで、ここにいます矢場女《やばおんな》に相手になり、フザケルのが仕事なので、美しい女を置いて盛んに男客を引きました……楊弓場は明治二、三十年で娯楽の波がかわってきて、どの店も、あやしげな女だけではやってゆけず、大弓場のほうは弓道の一つですから、運動でやる人もあり、近年まで残っていました」(『新京極今昔話』)

新京極は演芸の街でもあった。誓願寺の門があった場所にできた夷谷座《えびすだに》をはじめ、大小さまざまな小屋がならんで客をあつめた。

夷谷座——近江の大津出身の五兵衛が明治九年に小屋をたて、身振芝居をみせたのがはじまりだ。

明治時代の新京極

「名古屋生まれの医者の娘の便幸斉を筆頭に嵐小虎、尾上国松、嵐花寿、大川大吉等で、女役者ばかりが人気があったのでしょう。明治十九年春から、女たちを全部踊子にして、祇園《ぎおん》の都踊を真似て、背景も五段返しにし、手に団扇《うちわ》をかざし、賑わしい囃子《はやし》もそのままをやり、この都踊だけの一幕見もおこない、これが吉例になり、毎年春には切狂言にこの都踊を始め、相当の人気を得、ほかの芝居でもこれをまねてやったものもありました」

「二十三年に平安神宮の地鎮祭に一座をあげて式場で祝賀踊をしました。二十四年、相撲取姿で化粧回しをして両花道に五十名ならんで大変な評判だったそうです。木戸銭は四人詰三銭、数日前から申し込まないと席がとれず、新京極中でこの座だけといいます」(『新京極今昔話』)

日露戦争のあとでは、「203高地攻略」のパノラマ人形があった。小屋のなか一面を荒野に仕立てて、十センチぐらいの日本兵の服装をした人形がたくさんならべてあり、向こうの丘の背後が、ときどき、パーッと赤くなるだけの見世物だが、それでも相当客は多かった。(夕刊京都新聞『新京極』)

ヘラヘラ踊、ろくろ首……こんな見世物があった

いまの新京極は飲食と土産物――修学旅行グッズというのか――が盛んだが、見世物、雑芸の影は薄い。いや、薄いというよりは、壊滅状態だというしかない。映画は復興のきざしがあるのに、雑芸の元気がないのはさびしい。『新京極今昔話』をたよりに、見世物、雑芸のいくつかを偲《しの》ぶことにする。

ヘラヘラ踊――若い娘が派手な浴衣に赤い襷《たすき》をかけ、尻を端折《はしょ》って囃子にあわせてカッポレや深川などを踊る。やがてヘラヘラになると五、六人の娘がモスリン友禅の浴衣に赤い帯をダラリと垂らし、腰巻きを出し、赤足袋《たび》で舞台にならび、赤い手拭《てぬぐい》で頬冠《ほおかむ》りして赤の扇子をひらき、「赤い手拭、赤地の扇、これをひらいてオメデタヤー　ヘラヘラヘッタラ、ヘラヘラへ、ハラハラハッタラ、ハラハラハ」と唄いながら、全員が舞台を前かがみになったまま、雁行《がんこう》したり輪になったり、変な恰好《かっこう》で……。

生人形・からくり――土手に茣蓙《ござ》を着た死体があり、そこへ登場した僧が鉦《かね》をたたくと骸骨《がいこつ》が出てくる。川の底に腐乱死体があって烏《からす》が腸《はらわた》をつっついてい

る。街頭から女の幽霊があらわれ、塀をのりこえて部屋にはいり、子供に逢いにゆく。

ろくろ首——三味線《しやみせん》を弾く娘の白い首が、スルスルと三尺ぐらい伸びる腸のように見える。首が伸びる仕掛けは提燈《ちようちん》の蛇腹《じやばら》を利用していたそうだ。

蜑《あま》（海女）——布で三坪ぐらいの水槽をつくって水を入れ、手拭を頭に巻いた裸の女が腰巻だけの姿で花笠を手に水槽にはいり、歌いながら鯉《こい》を獲ってみせる。

曲独楽《ごま》——大小の独楽をつぎつぎに操る芸当である。直径一間（一・八十メートル）以上の大独楽がまわり、なかから無数の小型の独楽が出てきてクルクルとまわる演物《だしもの》もあったそうだ。

牛ざし力持ち——強力をみせる芸である。牛と男と米俵をのせた船を片足でもちあげる芸があった。

水芸——新派の『滝の白糸』で有名なショーである。現代でも鑑賞のチャンスはある。

藪《やぶ》ぬけ・鏡ぬけ——藪ぬけはいまでは「お化け屋敷」とよばれている。何枚もの鏡を複雑な角度で立てておいて見物人を入れ、戸惑わせる。これが鏡ぬけ。

錦影絵《にしきかげえ》――薄いガラス板に彩色の絵を描いたのを種板《たねいた》――映写フィルムに相当――として、五台から六台のフロ――映写機――に出し入れして、動く光景を映写幕に投影する。江戸の蔵前の染物屋の上絵を描いていた池田（亀屋）都楽《とらく》というひとが創始した技術だという。鉢植えの花が成長して花をひらく、床の間の掛け軸の白い紙に文字が書かれるといった場面を得意にした。日清戦争のあとで人気は絶頂にむかうが、活動写真（映画）に押されて衰退した。

居合抜《いあいぬき》――剣道の居合の技をみせて見物人の足を止め、門人の虫歯を無痛で抜いてみせたあと、おもむろに歯磨粉を売る商売。

商売繁盛をささえる組合連合

明治の末のころ、新京極の錦天神の東側の広場の地代は一坪五千円だったという。焼きイモ一個が四銭、小学校を卒業して商店の住み込み丁稚《でっち》になると給料はないが、一ヵ月の小遣いを五十銭もらっていたころの五千円である。

新京極に店を出して商売をすれば、一坪五千円の地代を恐ろしいとは思わなくなる。それほどの繁盛が期待されたわけだが、京都府知事のお声がかりではじまったというだけでは、ここまでの繁盛はありえない。新京極の繁盛、その背景には、なにがあったのだろうか。

昭和四十七年（一九七二）に「夕刊京都新聞」に連載された「新京極」は、その理由のひとつを連合組合の活躍にもとめているようだ。

新京極の組合連合は明治四十年（一九〇七）に結成された。最初にとりくんだのが電灯料金の問題である。

このころ、三条通から北は京都市営の電力をつかい、三条から南は私企業の京都電灯会社の電力をつかっていた。特に珍しいことではないが、三条通をへだてて電灯料金が違うのは問題である。

組合連合は同一料金を要求して運動をおこした。市民大会をひらき、東京に陳情団を派遣して運動を展開したが、結局は敗北してしまった。

しかし、この運動をきっかけにして、組合連合の連帯の意識は高まった。とりわけ、新しい商売のスタイルをとりこむについては組合をあげて支持する姿勢がうまれ、いまでも根強いといわれている。

槇村正直という、いささかケタはずれ、型破りの行政マンの蒔《ま》いた種が組合連合にうけつがれて生きている、それが京都の新京極だといっていい。

現在もたくさんの人でにぎわっている

九章

京都になぜ最大手のタバコ会社ができたのか

——日清・日露、二つの戦争とタバコの意外な関係

木屋町通
京都河原町駅
祇園四条駅
四条通
祇園
祇園花月
八坂神社
円山公園
髙島屋
京都マルイ
南座
花見小路通
漢字ミュージアム
長楽館
大雲院
団栗通
大和大路通
建仁寺
祇園甲部歌舞練場
下河原通
ねねの通
寺町通
京阪本線
川端通
安井金比羅宮
東大路通
河原町通
鴨川
八坂の塔
六道珍皇寺
松原通
柿町通
六波羅蜜寺
東山区役所
清水五条駅
東山警察署
五条坂
若宮八幡宮
五条通
東山郵便局
タバコ製造工場発祥地
大谷本廟
N
100m

京都は両切《りょうぎり》タバコ最大の生産地だった！

八坂《やさか》神社の境内《けいだい》をぬけ、円山《まるやま》公園の池から南へ曲がると、右手に長楽館《ちょうらくかん》がある。鉄骨石造の三階建て、ネオバロック形式の洋館である。

タバコの製造販売で巨利をえた村井吉兵衛《むらいきちべえ》が迎賓館《げいひんかん》として明治四十二年（一九〇九）にたてた。設計は立教大学の校長、イギリス人のＪ・Ｍ・ガーデナー。長楽館と命名し、揮毫《きごう》したのは伊藤博文《いとうひろぶみ》である。

掲示されている説明文で、およそのことはわかる。村井吉兵衛は明治二十三年（一八九〇）から両切《りょうぎり》タバコ「ヒーロー」や「サンライス」を製造販売し、明治三十七年（一九〇四）にタバコ専売法が施行されるまで、国内に国外に、タバコを売りまくった。

タバコというものが消えるかもしれない現在からみると、タバコの製造販売が自由であった時代は、はるかに遠い過去になりつつある印象が強い。自由製造販売のタバコの味を知っている日本人はもはや生存していないだろう。

それはそれとして、村井商会の両切タバコ製造量は業界のトップであった。ならば、両切タバコの最大の生産地は京都であったのか、ということになる。

そのとおりなのだ。

シガレット、つまり刻みタバコを紙で巻いて両端を切りおとした、現代でももっともポピュラーなタバコが両切タバコである。

両切タバコが登場するまで、日本人は刻みタバコをキセルに詰めて吸っていた。両切タバコは幕末から知られていたが、欧米人の吸うものであり、日本人のタバコはキセルのタバコだという思いこみがあった。

そこへ両切タバコが登場し、キセルタバコと消費量をあらそっていた時期、最大の生産地が京都であったというのは信じられないはなしだが、ほんとうなのである。

明治二十三年から三十七年というと、その間はわずかに十四年である。たった十四年のあいだに村井吉兵衛は両切タバコを造って売って巨利をえて、迎賓館として豪華な長楽館をぶったてた。

タバコの製造販売、それは〈儲《もう》かる〉という言葉を絵にかいたような産業であったのはまちがいない。

明治の京都に、〈儲かる産業〉の代名詞のようなタバコ製造業がうまれ、そだ

タバコ王・村井吉兵衛がたてた長楽館

ネオバロック形式の洋館である

ったのはなぜであったのか？

入院中にタバコを勉強

大和大路と正面《しょうめん》通の交差点にちかい、耳塚《みみづか》のあたり、村井吉兵衛は元治元年（一八六四）にここでうまれた。父は弥兵衛だが、弥兵衛の弟の吉右衛門に男の子がいなかったので吉兵衛が養子になった。叔父さんの子になったわけだ。父も叔父もタバコの販売をしていた。吉兵衛は叔父さんにつれられてタバコの行商をしたり、葉タバコの産地を視察したりして将来にそなえた。

二十歳をすぎたころ、吉兵衛は病気にかかった。風邪《かぜ》をこじらせ、衰弱した。体力の消耗がはげしい。養父の吉右衛門が中村栄助に相談したところ、病院に入れて徹底的に治療をするのがいいということになった。

ふつうの商人の子が西洋医術の病院に入院する時代ではなかったが、相談した相手の中村栄助が山本覚馬《やまもとかくま》や新島襄《にいじまじょう》の知人であり、たまたま同志社病院ができあがって診療をはじめたときだから、入院することになった。村井兄弟のタバコ小売は規模の大きな商売だった。だから中村栄助と知り合いだったのだ。

同志社の京都看病婦学校の付属の治療施設として、同志社病院が烏丸《からすま》通の上長者町にたてられていた。院長はアメリカン・ボードの宣教医のＪ・Ｃ・ベリーである。明治十年代の京都で最新の医術と施設をそなえていた病院が同志社病院であった。

このころの中村栄助は、新島襄の代理人をつとめる重要人物であった。その中村から紹介された病人とあって、院長ベリーは懇切に接してくれた。

ある日――

「村井さん。あなたはタバコを売っているのですな」

「はー」

「困りましたな。タバコと酒、これは人間のからだにとって毒なのですよ」

「そうはいっても、ベリー先生、タバコを売るのはわたしの家の家業ですから……」

タバコというものを勉強してみようと思ってベリー院長に相談すると、『百科製造秘伝』という英語の書物を貸してくれた。

英語が読める者にすこしずつ訳してもらって読むうち、タバコの害については理解できなかったが、タバコの製造の奥深さといったものがわかってきた。（大渓元千代『たばこ王 村井吉兵衛』)

研究する余地はいくらもあり、研究すればするほど優秀なタバコ製造技術が開拓されうる、そういった自信を得たといえばいいだろうか。

東京で見た「天狗《てんぐ》煙草」の衝撃

吉兵衛は、養父のあとをついでタバコ販売を生涯の事業とする覚悟はできている。そうであるからには、腰をすえて、じっくりと、しかも大規模な事業をやりたい。

そのためには——吉兵衛は考えた——京都にかわって新しい首都になった東京を視察して、東京のタバコの事情を知りたい。

父としては途方もないことだが、念のために、中村栄助に相談してみた、「息子がとんでもないことを言いだしたが、どうしたものか」と。

栄助は「彼なりに将来のことを考えているわけだ。ゆるしてあげなさい」と言ったので、父はゆるした。明治二十二年(一八八九)、吉兵衛が二十五歳のときだ。

欧米の最新技術を導入した村井吉兵衛

吉兵衛がみた東京のタバコの事情、それが結果的に、京都を最大の両切タバコ生産地にする。

吉兵衛は、東京で、なにをみたか？

岩谷松平《いわやまつへい》である、松平のタバコ――天狗煙草《てんぐ》が派手な宣伝によって売りまくられている光景であった。

岩谷松平は嘉永三年（一八五〇）、薩摩《さつま》の川内《せんだい》に生まれた。父と母をはやく失い、酒造業の叔父にひきとられ、叔父の娘と結婚したが、その叔父と妻にもはやく死なれ、養母とふたりで酒屋をきりまわした。

明治十年、鹿児島（薩摩）は西郷隆盛《さいごうたかもり》の叛乱《はんらん》にまきこまれる。酒造の店はたちゆかなくなり、東京へ出た。薩摩名産の上布《じょうふ》や飛白《かすり》、鰹節《かつおぶし》や筑前《ちくぜん》しぼりなどを背負ってきて、銀座《ぎんざ》三丁目に店を出した。薩摩名産というと国分《こくぶ》タバコがあるが、このとき、松平が国分タバコをもってきたのかどうか、わからない。

タバコ視察の結論「京都しかない」

銀座の店の名は「薩摩屋」、薩摩の島津《しまづ》家の家紋の「〇《まる》に十」の字を借用して、マークとした。宣伝広告のためなら、思いきった手をうつのが松平のやりかたである。

横浜《よこはま》で流行しはじめた紙巻タバコをみて、「これだ！」と開眼したのが岩谷商会の天狗煙草のはじまりである。「金天狗」「銀天狗」「青天狗」「国益天狗」「愛国天狗」「日本天狗」「鷹天狗」「木の葉天狗」「陸軍天狗」「海軍天狗」――つぎつぎと売り出される新製品のタバコにはすべて「天狗」の名が冠せられた。（佃實夫『岩谷松平』）

京都の村井吉兵衛のタバコは両切だが、岩谷松平の天狗煙草は「吸い口つき」である。刻んだタバコを紙で巻くのはおなじだが、片方の端にはタバコを詰めず、中がカラの「吸い口――シガレットホルダー」になる。タバコの粉が舌や唇にくっつかない利点がある――というのが売文句だ。

銀座の店舗は真っ赤に塗る、運搬車も真っ赤に塗りたくる、天狗煙草の袋のデザインも赤が基調、大売出しのときには売り子に真っ赤な法被《はっぴ》を着せる、自分の外出のときにはかならず赤い衣装を身につける――よくいえばカラフル、わるくいえばドギツイ。真っ赤で長い天狗の鼻から連想したデザインだろう。

だが、これが東京で、関東で売れに売れている。

――まだ売れる、もっと売れる！

東京は天狗煙草の独擅場《どくせんじょう》だ、新参のタバコが売れる余地はない――吉兵衛はこのように判断したにちがいない。

京都はどうかというと、岩谷天狗のように市場を独占しているタバコはない。

――わしが新しいタバコをつくって売りこむ市場は京都のほかにない。

これが東京のタバコ事情視察の結論であった。

生まれ故郷だから京都でタバコをつくりはじめたといった、消極的なことではない。東京の天狗煙草に対抗し、勝つには京都を基盤にするのが絶対だという判断が先行したのである。

舶来タバコに負けない〝香り〟を目指す

このころ、日本は関税自主権をもっていない。低率に設定された関税の恵みをうけ、舶来の紙巻タバコが怒濤《どとう》のように輸入され、売られていた。

国産紙巻よりは高価だが、庶民に手が出ないほどの高価ではない。だが、舶来タバコが売れたのは価格のことだけではない。国産のキセルタバコや紙巻では味わえない新奇な香りが、舶来のタバコにはあったのだ。

タバコの葉は発酵させることによってはじめて〈タバコの香り〉が出てくるのだが、舶来タバコの発酵技術は、国産品よりも桁違《けたちが》いに手がかかっていた。

村井吉兵衛は、ここに目をつけた。同志社病院でベリー院長から『百科製造秘伝』を借りて読んだ効き目が出てきたのである。

——舶来タバコの、あの香りを出せれば天狗煙草を抜ける！

妻の宇野子に香料を混ぜる石臼《いしうす》を挽《ひ》かせ、吉兵衛は発酵の研究にうちこんだ。発酵と香りづけの、もともとは別の工程を一本の微妙な具合に調整しなければならない。試作品をつくって、味わい、失敗にうちのめされ、勇気をふるいおこしてまたまた試作品に挑み——明治二十四年、まずこれならばという製品ができた。

ひさしぶりにゆっくりと睡眠をとっていると、東山に朝日がのぼってくる夢をみた。うまれたときから見ている光景、不思議ではないが、新製品開発の目鼻がついたときだけに格別の意味があるように思われた。

——新しいタバコの商品名は「太陽」とせよとの、天のお告げなのか！

ベリー院長に相談すると、漢字の「太陽」よりは英語の「ＳＵＮ　ＲＩＳＥ」

を片仮名にして「サンライス」とするほうがよろしいのではないか、と示唆《しさ》され、吉兵衛も諸手《もろて》をうってよろこんだ。村井吉兵衛の主力商品「サンライス」はこのようにして誕生したのである。

「サンライス」の原料葉は国産だが、香りづけはアメリカの「サンライト」を手本としたアメリカ風のタバコである。

平安時代の清少納言《せいしょうなごん》は東山に朝がくる光景から『枕草子《まくらのそうし》』の筆をおこし、明治の村井吉兵衛は東山からのぼる太陽を英訳して両切タバコの商標とした。

両切の「サンライス」は二十本入り、紙のホルダー五本をつけて四銭で売り出された。別に手巻用の「サンライス」も造られた。こちらはタバコ二十目に巻紙ライスペーパーとホルダーがついて八銭である。(目は匁《もんめ》とおなじ重量単位。一目は3・75グラム)

豊臣秀吉にちなんでつけられたタバコの名前

「サンライス」が売れはじめたのをきっかけに、吉兵衛は茶屋《ちゃや》町に新しい家をもとめて工場とした。豊国《ほうこく》神社の南が茶屋町だ。

洋風のパッケージが斬新な、サンライス

明治二十六年（一八九三）、コロンブスのアメリカ発見四百年を記念する万国博覧会がアメリカのシカゴでひらかれた。吉兵衛は博覧会を見物かたがた、アメリカの葉タバコの事情を視察するために渡米した。

「サンライス」はもちろん、これから売り出すタバコはすべてアメリカ産の葉タバコを原料としたい――これが吉兵衛の抱負だったのだ。

安価で良質の葉タバコを探し、みずからも葉タバコの栽培や収穫、乾燥、発酵や香料の調整技術を研究してあるくうち、ボルチモアで理想的な葉タバコをみつけた。屑《くず》として安価で処理されている葉が、じつは味のよい上等の葉であった。吉兵衛は千ポンド入り六樽を輸入する契約をまとめ、意気揚々として帰国した。これが国産タバコにはじめて混入されたアメリカタバコだという。

「サンライス」のつぎのタバコは「ヒーロー」と名をつけた。豊国神社のちかくに住んでいれば太閤秀吉《ひでよし》が身近に感じられるわけだが、もともと吉兵衛は秀吉が好きだった。片腕の村井槇雄に相談したところ、秀吉は豪傑、英雄だから「ヒーロー」はどうかとのこたえがかえってきた。吉兵衛は大賛成し、「ヒーロー」が誕生した。

村井槇雄の本姓は寺坂といい、吉兵衛とはシカゴで知り合った。槇雄は同志社を卒業し、渡米して貿易業務にたずさわっていた。吉兵衛は槇雄を妻の妹の梅子の婿としてむかえ、経営の片腕をになってもらうことにした。

合名会社の村井兄弟《けいてい》商会が設立されたのは明治二十七年である。実家の甥《おい》の弥市郎、村井槇雄、梅子の妹の光子の婿の懋《つとむ》、懋の兄で東京支店長をしている市田栄次郎が重役として名をつらねた。

世間の注目を集めた〝大看板〟

村井吉兵衛の「サンライス」「ヒーロー」と岩谷松平の「○○天狗」がタバコの小売市場で激突する。

もともとが単価の安いタバコである、販売量をふやすほかに事業拡大の途はない。安価だからこそ、かなりの程度までの販売拡張が可能だ。両者の衝突が激烈にならざるをえない理由が、ここにある。

広告、宣伝の効果が売れ行きを左右する度合いはきわめて高い。両者とも奇抜、派手、大量の広告で鎬《しのぎ》をけずっていたが、あえて比較すると、天狗煙草は伝統的、国粋的で重いイメージに依拠し、村井タバコはハイカラ、洋風、軽快なイメージを発揮する相違があった。村井のタバコは「タバコ」、岩谷松平のタバコは「煙草」と書き分けるのがふさわしい感じがする。

明治二十八年（一八九五）――日清戦争が終わって世間の関心は講和会議の結果に集中している――京都の岡崎《おかざき》で第四回内国博覧会がひらかれた。

この時、村井商会は効果絶大の広告作戦をやった。東山の如意《にょい》ヶ岳《だけ》の中腹に、市内からよくみえる角度で、「ヒ」「ー」「ロ」「ー」や「サ」「ン」「ラ」「イ」「ス」の広告板を立てた。一文字が一間（約一・八メートル）四方という巨大な看板は、岡崎の博覧会会場を圧倒する効果があった。

非難と抗議の声があがったのはいうまでもない。非難され、抗議されれば広告作戦としては成功したことになる。そこまで計算していたはずだ。

博覧会に天皇の行幸《ぎょうこう》があると発表された。如意ヶ岳の大看板が天皇の目を汚すことになるという非難が出てきた。そうなるのを待っていたかのように、吉兵衛は看板をひきおろし、新聞に広告をだして、なぜ、看板をひきおろしたかを説明した。

――「ヒーロー」「サンライス」の大広告を洛東の如意ヶ岳に掲示し、おおいに世間の喝采《かっさい》をいただきましたが――

ヒーローのパッケージ。右は景品のカード

「今回、両陛下、当地へ御行幸あそばされ候につき、もし、右広告のお庭先より相見え候いてはまことに恐れ多く相感じ候につき、つつしんで撤去つかまつり候」

世間の非難は痛くも痒《かゆ》くもないが、天皇のお目を汚すのは本意ではないから撤去するという理屈だ。世間を刺激するという広告本来の機能をたっぷりと発揮し、そのあと、世間の悪評ではなく、天皇の行幸を理由に、さっさと撤去、あざやかだ。

日清戦争すら宣伝の材料に

タバコ業界に再編成の嵐が吹いた。再編成を迫ったのは日清戦争である。出征兵士のタバコ需要の量は大量であり、陸海軍省の調達をめぐって業者ははげしくあらそった。

岩谷松平は陸海軍省御用に指名され、いわゆる恩賜《おんし》の煙草を納入した。恩賜の煙草に「天狗」の商標はつけられないのだが、絶好のチャンスを見逃す手はない。

戦後になって岩谷は「御賜」という名の煙草を売り出した。できるならば「恩賜《おんし》」と名づけたいところだが、許可がおりない。一歩をゆずって「御賜」とした。「御賜」から「恩賜」を連想するのは容易である。

日清戦争を宣伝材料にする点では、吉兵衛も負けてはいない。陸海軍御用タバコ業者に指名されたのをチャンスに、つぎのような新聞広告を出した。

「陸海軍の巻煙草の御用をおおせつけられました。当分のあいだ、わが村井商会のタバコ製品は品切れ勝ちになるおそれがありますが、この段、ご了承ねがいます」（意訳）

――わが社の製品は品薄になるおそれがあります！

需要者のあいだに飢餓の心理を醸成する広告の常套《じょうとう》手段である。わるくすると消費者離れを招いてしまうが、この場合は〈日清戦争〉〈陸海軍御用〉という緊張した背景があり、むしろ〈買い貯め〉心理を刺激して、売上増につながった。

ヌード・カードを景品に

明治二十八年に京都でひらかれた第四回の内国博覧会に、黒田清輝の裸体画「朝妝《ちょうしょう》」が出品され、女の裸の絵を観ようと観衆がつめかけた。出品の是非《ぜひ》をめぐって官憲は眉《まゆ》をひそめ、保守的な識者は「けしからん！」と息巻いた。

前述のように、巨大な立看板でこの博覧会の話題をさらったのが村井吉兵衛である。吉兵衛は、黒田の「朝妝」を観ながら、ひとつの決意をくだしたのである。

――裸体画のカードを入れるぞ！

このころ、紙巻タバコの箱に、景品としていろいろなデザインのカードが入れられていた。アメリカの「ピン・ヘッド」が先鞭《せんべん》をつけたもので、日本では村井商会の製品が追従した。美人画や風景の絵をカードに彩色印刷して景品とし、大人の喫煙者はもちろん、タバコを吸わない子供の人気を煽動《せんどう》する。

日本ではこのようなカードを印刷しているところはなく、吉兵衛はベルギーのブラッセルで印刷されたものを輸入していた。

人目をひくポスターも製作した

そのなかに美術裸体画――ヌードの絵があった。ヌードのことは前から知っていたはずだが、さすがに、「サンライス」や「ヒーロー」の景品として入れるには躊躇《ちゅうちょ》するものがあった。

だが、博覧会の「朝妝」の騒ぎを目の当《ま》たりにして、かえって吉兵衛は決意したらしいのだ。博覧会から三年目、吉兵衛はヌードのカードを景品として入れた。

風紀紊乱《びんらん》というわけで、吉兵衛は裁判にかけられた。三十一年の六月、吉兵衛にたいして「カードは外国で出版されたものであるから出版条例違反ではない」との理由で、無罪が宣告された。しかし、内務大臣の権限によってヌード・カード入りのタバコは発売を禁止された。

吉兵衛はどうしたかというと、発売禁止令を逆手にとり、またまた宣伝の手段としてしまった。

「欧州ではこのような美術裸体画を一般の紙巻煙草に挿入するのは慣例でありま す。われらは、風俗を壊乱するつもりはありません。このカードはすべて使いきっておりますが、仲買や小売店で裸体画カードのはいった煙草を発見なさった方は、当方にお持ちくださるか郵便でご返送ください。替わりの品を進呈いたしま

す」（意訳）

天狗煙草の村井タバコ批判

美しいもの、美術品として鑑賞に耐えうるものを広告につかいたい——村井吉兵衛にはこのような意識があったといえる。裸体画についても、〈美しい〉という判断があって広告につかったのだ。

吉兵衛にいわせれば、〈世間の度肝をぬいてやれ！〉といわんばかりの岩谷松平のやりかたは醜悪以外のなにものでもなかった。

村井吉兵衛はアメリカのタバコを上等な製品だと信じている。味と香りもさることながら、外装——パッケージのデザインと色彩の美しさに感心していた。アメリカタバコに負けない味と香りを造れるようになったと自負する吉兵衛は、つぎの課題として美しいパッケージの製造に挑戦した。

ライバルの岩谷松平は、村井吉兵衛のパッケージ重視について、どういう態度をとっていたか？

明治三十二年（一八九九）、岩谷は村井タバコを批判する長文の広告を出した。

「日本の人民はこれでも驚かないか、これでも感じないか、国家焦眉《しょうび》の大患を」と題した批判の要点はつぎのようなものだ。（『たばこ王　村井吉兵衛』による）

①舶来品を模造した箱入り、吸い口のない両切巻煙草は苛性の薬品を使うから多量の毒をふくみ、喉や脳、胃を障害する。学生の記憶力をうしなわせ、音声を変え、学生を不具不幸の身とする。

②模造煙草は中流より下の階層によって大量に購買されているから、これまでの刻み煙草業者は死ぬか生きるかの瀬戸際に立たされ、原料に木葉を混ぜたり、一袋一斤《きん》といいながら実は七、八〇匁しか詰めない状態になった。すべてこれ、模造煙草の横暴の結果であり、国家の大損害である。

③国産葉煙草は原価が十円ならば十円の重税をかけられる。これにたいし、外国産の葉煙草は十円につきわずか五十銭の税、ほとんど無税にちかい。利益が莫大であるから思いきった広告が可能となり、津々浦々に蔓延《まんえん》し、国産煙草を圧倒して莫大なる金貨を外国に持ち去っている。

④模造煙草の十本入りの原価が二銭とすると、葉煙草の代金は八厘、装飾代は一銭二厘である。天狗煙草は原価二銭のうち原料代が一銭六厘、装飾代は四厘にす

ぎない。

⑤天狗煙草が顧客に利益をあたえているのは、海陸軍が天狗煙草だけを採用なさっている事実で証明される。

⑥天狗煙草の価格は模造煙草の三分の一、世界無比の大安売りである。

⑦模造煙草は過去三十年のあいだに一億百余万円の損害を国家にあたえている。

⑧「国益の親玉」なる雷名を有し、「商一位国益親玉《おやだま》大明神」を自称する者として模造煙草の弊害を無視することができない。

模造煙草というのは煙草の葉のほかの原料で煙草類似の製品をつくっている、という意味ではなく、村井吉兵衛の製品を非難する言葉である。

アメリカのタバコを真似ているから模造であり、模造だから、売上は原料葉を生産輸出する外国に流出してしまう、だから国益を損じるという非難の理屈がなりたつ。

あえて税率の高い国産葉を使っているのが天狗煙草である、だから天狗煙草を造って売るのと、天狗煙草を買って税金をおさめるのはどちらも国益増進につながる愛国の行為である——こういう理屈にもなっている。

この理屈を煮詰めると、岩谷天狗式宣伝の究極「おどろくなかれ、煙草税金〇〇〇万円！」の宣伝コピーになる。

——だから、どうした？

反論したくなる理屈であるが、この理屈がタバコのパッケージデザインの問題に適用されると、なんとも奇妙なことになる。

模造煙草は模造なるがゆえに悪である。悪の模造煙草に、煙草の本来とは関係のない多額の装飾費用をそえて外国に流出させてしまう村井吉兵衛は、とんでもない国家犯罪人である——こういう理屈になってくる。

パッケージに金と手間をつぎこむ

原料葉の税金についていえば、村井吉兵衛が払う税金は岩谷松平よりは小額かもしれない。だが、製品の売上額は吉兵衛のほうが高いのだから、売上税は吉兵衛のほうが多額に払っている。

しかし吉兵衛は、「税金を高く払っているから国益になっている。だからわたしは国益親玉大明神である」などという野暮なことはいわない。こちらのほうが商道としては正道である。

味と香りが良く、パッケージの美しいタバコを安価で大量に売りたい。そこでかれはパッケージにカネと手間をつぎこむ。

大渓元千代《おおたにもとちよ》著『たばこ王　村井吉兵衛』には九種類のタバコのパッケージが紹介されている。カラー印刷でないのが残念だが、東京の渋谷の「たばこと塩の博物館」へ行けば、色彩ゆたかに印刷されている実物を観られるはずだ。

九種類のうちの五種に、デザイナーの氏名と印刷会社の名が書かれているのがわかる。「原画　筆者　伏木英九郎」が三種、「筆者　鈴木雷斎」が一種、「筆者　横山某」が一種で、印刷はすべて「東洋印刷株式会社」である。

——外装のパッケージも、景品として入れるカードもすべて自力で印刷、製造しております！

大いばりでいえるのも村井吉兵衛だけであった。

村井タバコの美術印刷の裏には、中西虎之助《なかにしとらのすけ》という技術家の奮闘の歴史があった。

美しいパッケージを可能にした技術者の存在

烏丸《からすま》通夷川《えびすがわ》の商家の次男にうまれた中西虎之助は、小学校の助教（代用教員）をしていた。兄が家業をついで稼いでくれるから助教のわずかの給料も我慢できるが、ほかに、情熱をこめられる仕事はないか、あるはずだとかんがえていた。住まいのちかく、柳馬場《やなぎのばんば》の三条に點林堂《てんりんどう》という看板が掛かっているのに気づいた。新しい技術の洋式印刷所だと知ってはいたが、深くかんがえたことはない。

ある日、その虎之助が天啓にうたれたように、點林堂のまえに立ち竦《すく》んだ。ちかごろ買って読んで興奮した、一冊の書物を虎之助は思いだしている。イギリス人のサミュル・スマイルズが書いたのを中村正直《なかむらまさなお》が訳したもので、『西国立志編《さいこくりっしへん》』と題されている。自助と立志、工夫と努力を基礎にして人生をつくっていった西洋人の実例をのべたもので、偉人伝のジャンル、明治のベストセラーである。

初版は和装、再版は背革総クロースの豪華な製本である。虎之助は豪華な再版本を買って読み、おおいに刺激された。内容もさることながら、このような豪華で堅牢《けんろう》な書物を印刷し、製本する技術と企業のちからに興奮したのである。――わしが買った『西国立志編』も、この點林堂のような洋式印刷所で印刷されたわけなのだな。

情熱をこめられる仕事、それは洋式印刷だと気づいた中西は点林堂におしかけ、雇ってもらった。明治十三年、中西虎之助は十五歳であった。

點林堂は本木昌造《もときしょうぞう》の雅号である。本木の弟子たちが暖簾《のれん》分けをゆるされて京都につくった印刷所が点林堂である。

洋式印刷術の申し子というべき傑物、それが本木昌造である。長崎の通詞の子としてうまれ、通訳の仕事や蒸気船の艦長をつとめながら、活版印刷の技術を身につけた。

明治になってから独自の活字を鋳造《ちゅうぞう》するところにまで手をひろげ、東京で印刷所をひらいた。その弟子たちが京都に點林堂をひらいて活版印刷を営業していた。

さて、火打ち石にかわって、着火が簡単で安全、携帯にも便利なマッチ――燐寸が使われるようになった。マッチ製造の本場は神戸《こうべ》だ。

中西虎之助は舶来と国産のマッチを比較して、パッケージのデザインと印刷が比較にならないのを知った。そして、印刷インキの性質がまったく異なるのを知った。

合成染料によってつくられたインクが舶来のマッチ箱の光沢のある印刷を可能にしているのだと知った。マッチといえば両切タバコと組み合わせのものである。だが、中西がタバコと出会うのはもうすこし先のことだ。

中西は十年つとめた点林堂をやめ、独立した。やめるまえに、京都市内を走っていた乗合馬車の切符を印刷する仕事を確保していた。

西本願寺の念佛札を見事に印刷する

会社の名称は中西英成堂である。東京の有名な印刷会社の秀英舎《しゅうえいしゃ》（大日本印刷の前身）にあやかり、いずれは秀英舎のように成るという意気込みが英成堂の名にあらわれていると解釈するのが正しいらしい。

乗合馬車の切符のほかにも、注文がくるようになった。それをきっかけに、中西は石版印刷を手がける決意をかためた。

京都は染織物のメッカである。染織物の販売と保存のパッケージともいうべき文庫紙の需要は大きかった。

中西は、文庫紙《ぶんこし》を石版印刷でつくってはいかがでしょうかと誘って需要を開拓することもかんがえたが、新しい技術の石版印刷で古い産業の文庫紙印刷をやるのは気乗りがしない。〈新しい印刷術〉ということに、中西は燃えているのである。

そこで目をつけたのが西本願寺《にしほんがんじ》である。

江戸時代、西本願寺はなんとなく沈滞の気味がつづいていた。豊臣秀吉の支持によって再建された経歴があるから、徳川家康の援助によってたてられた東本願寺に圧迫されても仕方がないといった雰囲気があった。

徳川幕府がたおれて、事情は一変した。西本願寺はおおいにはりきり、佛教復興運動をくりひろげた。キリスト教の同志社に対抗して普通教校をつくり、普通教校の教師や学生の有志が禁酒運動をすすめる反省会をつくった。反省会の機関雑誌が「反省会雑誌」、のちに「中央公論」とタイトルがかわる。

中西は西本願寺のフレッシュな動きに目をつけ、信徒に配布する「南無阿弥陀佛」の念佛のお札を木版から石版印刷に変えては如何《いかが》かと提案した。濃淡の微妙な変化を表現する技術では、石版は木版を凌駕《りょうが》する。

點林堂にいるころから、ひそかに研究していたインクの材料調達と練成技術がものをいい、「南無阿弥陀佛」の六字はみごとに印刷され、西本願寺におさめられた。これが明治二十四年のころのことだ。

中西という無名の印刷業者が西本願寺に石版印刷の念佛札をおさめたというはなしに、村井吉兵衛は新鮮なショックをうけたのだろう。

二十五年に、吉兵衛が中西英成堂をおとずれた。天下に名を知らぬものはない巨大タバコメーカーの吉兵衛が、ほとんど無名の中西虎之助をおとずれ、タバコのパッケージとカードの印刷を依頼した。大事件といっていいはずだ。

こうして、中西英成堂は村井商会の専属印刷工場となったのである。（増尾信之『中西虎之助　本邦オフセット印刷の開拓者』）

印刷会社を子会社にもった理由

輸入の途が断たれるわけではないが、そろそろ日本が関税自主権を回復するらしいという観測が濃厚になってきた。こうなると、タバコの景品カードの自主制作をかんがえないわけにはいかない。関税自主権が回復されれば、カードのような単品商品の輸入税は高騰《こうとう》するにきまっている。

明治三十二年、吉兵衛は渡米して、アルミニューム輪転印刷機を購入してきた。このときはまだアルミニューム輪転印刷機を使いこなせる職人はいなかったが、いつの日にか、優秀な職人を得て、自力で多色印刷をはじめたいとかんがえていた。

関税自主権の回復という切羽つまった事態に押されて、ついに吉兵衛は子会社のかたちで、印刷会社をおこすことになった。ステッカというアメリカの印刷会社の日本支社のセールスマンとのあいだに交渉がはじまり、東洋印刷株式会社が設立された。そのころは京都府紀伊郡の深草村といった、いまの伏見区の深草が東洋印刷の所在地である。

東洋印刷は中西英成堂が母体となった印刷会社である。中西虎之助の技術に、アメリカの技術を移殖したとかんがえるのが正しいようである。

村井商会のタバコの箱に、原画の筆者や印刷会社の名が書いてあるのは、こういういきさつに由来している。

子会社として印刷会社をもっているぞと自慢するのではなく――そういう狙《ねら》い

がなかったとはいえないにしても——わが社は箱のデザインと印刷を大切にしておりますという姿勢を表明している。味と香りに自信があるからこそパッケージを粗末にできないのです、ということでもある。

琵琶湖疏水の電力で工場を動かす

明治三十年の正月、東山馬町《うままち》に六千坪の土地を買って新しい工場をたてた。東山区の東西の通りの一本が馬町である。東山五条の交差点の、ひとつ南が馬町の交差点、馬町通には渋谷《しぶたに》通の別名もある。かつて鎌倉幕府の六波羅探題《ろくはらたんだい》が威勢をふるっていたとき、探題に出入りする武士たちの馬を係留していたから馬町の名がついたという。

馬町の交差点から西にはいった右手、社会福祉法人が経営する特別養護老人施設がある。村井タバコの新しい工場、そしてタバコが政府の専売になるまでの主力工場の跡地だ。

現在の建物の敷地の右手奥に、「村井兄弟商会建築」ときざんだちいさな石碑がたっている。崩壊が迫っているのか、ムライ——ＭＵＲＡＩの「Ｍ」が辛《かろ》うじ

小さな石碑がたっている

て読める。

ウィンストン式紙巻タバコ機械をはじめとして、浸潤機、検査機、乾燥機、冷却機をアメリカから輸入してすえつけ、奥村健というひとが発明し、村井が開発した自動紙巻機械も二十台すえつけられていた。紙に糊《のり》をつけて高速でタバコを巻いてゆく、高性能の機械であったそうだ。

機械一台あたり、一時間で一万五千本を巻くのが標準の作業となっていた。機械の数は最盛期で六十台だったが、それでも足りなかったというところに村井タバコの隆盛ぶりがうかがえる。

紙巻機械は電動式である。琵琶湖疏水《びわこそすい》で水力発電がはじまったのが明治二十年であるが、このころ、電気を使って製造している工場は少なかった。時計を造っている会社と蹴上のインクライン、そして二十八年に「サンライス」や「ヒーロー」の紙箱を印刷していた中西虎之助が使いはじめ、二十九年に村井吉兵衛がタバコ紙巻機械を動かすのに電気を使った。琵琶湖疏水の水力電気の効用をじっさいに宣伝したのも村井吉兵衛の事業の一面だといっていい。

電動機械で足りない分はどうしたかというと、手巻き方式で両切をつくっていた。馬町の本社工場でも多くの女子工員をやとって手巻きをしていた。それでも足りない分は京都の南部の農村地帯や滋賀県に下請けに出していた。

日露戦争のせいでタバコは専売化された

明治三十七年（一九〇四）二月、政府はロシア政府にたいして宣戦布告した。

戦費は莫大《ばくだい》な額にのぼることが予想された。

戦費調達で威力を発揮するはずのタバコ専売法案の成立に拍車がかけられた。

ふりかえってみると、明治九年（一八七六）にはじめてタバコに課税された。一箱ごとに印紙をはりつける方法で喫煙者から収税する印紙税と、製造業者に課税する所得税の二本立てである。

何度かの改正があったが、改正のたびに税額は高騰した。タバコの需要が拡大の一途をたどり、しかも高額の徴税が可能であったからだ。

それでも日露戦争の戦費はまかなえない、というのが明治三十七年の専売法案の本音である。

村井吉兵衛や岩谷松平は日本煙草製造業者組合連合会をつくって反対したが、すでに戦時体制にはいっていた議会をうごかすにはいたらない。明治三十七年三月三十一日、タバコ専売法が成立した。

製造業者はそれぞれの補償金をうけて、自由な製造販売から一斉に手をひいた。

村井吉兵衛は東京に村井銀行をおこし、ほかに製糸会社や石鹸製造の会社などを経営した。

村井商会の主工場の跡地のとなりに、国税局の東山税務署の建物がある。タバコ自由製造販売の息の根をとめたのは税務署ではなくて国会なのだが、それはともかく、税務署とタバコ工場がとなりあっている光景はなんとなく皮肉であって、しかも深刻である。

それまで喫煙者は煙草製造販売会社を通じてタバコ税を払っていたのが、明治三十七年に専売法ができてからは、政府が独占的に製造販売するタバコを買って吸うことで、直接、政府に納税することになった。

参考文献

『京都インクライン物語』（田村喜子　中公文庫）
『万国博覧会　技術文明史的に』（改訂版）（吉田光邦　ＮＨＫブックス）
『ダイアーの日本』（三好信浩　福村出版）
『京都維新読本』（大山敷太郎　雄渾社）
『明治維新と京都　公家社会の解体』（小林丈広　臨川書店）
『琵琶湖疏水　明治の大プロジェクト』（織田直文　サンブライト出版）
『たばこ王　村井吉兵衛』（大渓元千代　世界文庫）
『闇はわれを阻まず　山本覚馬伝』（鈴木由起子　小学館）
『岩谷松平』（佃實男　ドキュメント日本人⑨『虚人列伝』所収　学藝書林）
『京都の歴史　８　古都の近代』（京都市　学藝書林）
『京都の歴史　７　維新の激動』（京都市　学藝書林）
『琵琶湖疏水及水力使用事業』（京都市電気局　同）
『同上　別冊付録　疏水回顧座談会速記録』
『明治の神話　古代の神話―左手の書』（村瀬仁市　私家版）
『わが国水力発電・電気鉄道のルーツ　あなたはデブロー氏を知っていますか』（高木誠　かもがわ出版）
『中西虎之助　本邦オフセット印刷の開拓者』（増尾信之）
『京都府教育史　上』（京都府教育会　著・刊）
『同志社百年史　通史編』（同志社）
『西国立志編』（サミュエル・スマイルズ　中村正直訳　講談社学術文庫）
『京都学校之記』（『福沢諭吉全集』　岩波書店）
『西洋事情　初編』（『福沢諭吉全集』　岩波書店）

『ワグネル傳』（植田豊橘編　博覧会出版協会）
『垂統秘録　混同秘策』（佐藤信淵　改造文庫）
『明治文化と明石博高翁』（田中緑紅　明石博高翁顕彰会）
『気球があがった』（京都文化博物館）
『京都博覧会沿革誌』（京都博覧協会）
『島津製作所史』（島津製作所）
『日本科学の勝利　発明王島津源蔵』（井上五郎　富士書房）
『値段の明治・大正・昭和風俗史』（朝日新聞学芸部　朝日新聞社）
『描かれた幕末明治　イラストレイテッド・ロンドン・ニュース日本通信』（金井圓編訳　雄松堂）
『平安神宮百年史　本文編』（平安神宮百年史編纂委員会　平安神宮）
『平安神宮百年史　年表編』（平安神宮百年史編纂委員会　平安神宮）
『新京極今昔話　1・2・3』（田中緑紅　京を語る会）
『近世芸能興行史の研究』（守屋毅　弘文堂）
『山国隊』（仲村研　中央公論社）
『映画渡世・天の巻―マキノ雅弘自伝』（マキノ雅弘　平凡社）
『京極のうた』（京都新聞社　京都新聞連載）
『新京極』（夕刊京都新聞社　夕刊京都新聞連載）
『新京極』（新京極ジュニアクラブ　新京極連合会）
『京極沿革史』（田中辨之助　京報社）

この作品『京都の謎〈東京遷都その後〉』は、平成十六年七月、祥伝社黄金文庫から刊行されたものの新装版です。

一〇〇字書評

切り取り線

購買動機（新聞、雑誌名を記入するか、あるいは○をつけてください）	
□（　　　　　　　　　　　　）の広告を見て	
□（　　　　　　　　　　　　）の書評を見て	
□ 知人のすすめで	□ タイトルに惹かれて
□ カバーがよかったから	□ 内容が面白そうだから
□ 好きな作家だから	□ 好きな分野の本だから

●最近、最も感銘を受けた作品名をお書きください

●あなたのお好きな作家名をお書きください

●その他、ご要望がありましたらお書きください

住所	〒				
氏名		職業		年齢	
新刊情報等のパソコンメール配信を 希望する・しない	Eメール	※携帯には配信できません			

あなたにお願い

この本の感想を、編集部までお寄せいただけたらありがたく存じます。今後の企画の参考にさせていただきます。Eメールでも結構です。

いただいた「一〇〇字書評」は、新聞・雑誌等に紹介させていただくことがあります。その場合はお礼として特製図書カードを差し上げます。

前ページの原稿用紙に書評をお書きの上、切り取り、左記までお送り下さい。宛先の住所は不要です。

なお、ご記入いただいたお名前、ご住所等は、書評紹介の事前了解、謝礼のお届けのためだけに利用し、そのほかの目的のために利用することはありません。

〒一〇一‐八七〇一
祥伝社黄金文庫編集長　萩原貞臣
☎〇三（三二六五）二〇八四
ohgon@shodensha.co.jp

祥伝社ホームページの「ブックレビュー」からも、書けるようになりました。
www.shodensha.co.jp/bookreview

祥伝社黄金文庫

京都《きょうと》の謎《なぞ》〈東京遷都《とうきょうせんと》その後《ご》〉

令和2年9月20日　初版第1刷発行

著　者　高野《たかの》　澄《きよし》

発行者　辻　浩明

発行所　祥伝社《しょうでんしゃ》
〒101－8701
東京都千代田区神田神保町3－3
電話　03（3265）2084（編集部）
電話　03（3265）2081（販売部）
電話　03（3265）3622（業務部）
www.shodensha.co.jp
印刷所　萩原印刷

製本所　ナショナル製本

　ISBN978-4-396-31789-8 C0121

祥伝社黄金文庫

高野 澄
歴史を変えた水軍の謎
水軍戦では圧倒的に優勢のはずだった平氏はなぜ敗れたのか? 時代の転機には〝水軍〟の活躍があった。

高野 澄
サムライガール 新島八重《にいじまやえ》
維新を駆け抜けた「烈婦」の生涯
幕末のジャンヌ・ダルクから日本のナイチンゲールへ。激動の時代を自由に生き抜いたハンサム女子《ウーマン》の素顔。

高野 澄
新版 伊勢神宮の謎
なぜ日本文化の故郷《ふるさと》なのか
なぜ伊勢のカミは20年に一度の〝式年遷宮〟を繰り返すのか? 独特の歴史や風土をもつ伊勢・志摩ガイド。

高野 澄
古典と名作で歩く本物の京都
光源氏《ひかるげんじ》と嵯峨野《さがの》、漱石と比叡山、竹久夢二《たけひさゆめじ》の住まい……文学作品を鑑賞しながら、歴史と地理にも強くなる!

高野 澄
春日局《かすがのつぼね》と歴史を変えた女たち
江戸城の独裁者・春日局、家康に抗った淀君《よどぎみ》、足利義政の御台所・日野富子《ひのとみこ》、尼将軍・北条政子《ほうじょうまさこ》——4人の素顔。

三浦俊良
東寺《とうじ》の謎
巨大伽藍に秘められた空海の意図
古いものが古いままで新しい! 五重塔、講堂、不開門《あけずの》……いたるところに隠れている秘史と逸話に迫る。